初対面でも、目上の人でも、

一瞬で心を通い合わせる方法

接遇マナー講師　元ANA客室乗務員

飯塚順子

同文舘出版

はじめに

私は、全日本空輸（ANA）のキャビンアテンダント（CA）として30年間、従事してきました。国内線・国際線のチーフパーサー（客室乗務員の統括責任者）として数々のVIPフライトを担当し、また、客室乗務員の管理職として600人以上のCAを育ててきたなかで、私が日々意識していたのは、「**接遇とは、テクニック（形）ではなく、心を伝えることである**」ということです。

どのような方にも失礼のないマナーはもちろん必要ですが、マナーだけ知っていてもご自身の印象が悪ければその知識を活かすことはできませんし、当たり前のことをしているだけでは決して相手の心には残らないということです。

そして、そのためには、一方通行ではなく、自分の心と相手の心が通い合わなければならない、と私は思うのです。

忘れられない、心からの「お帰りなさい」

私には、一生涯忘れることができない、心と心を通い合わせることができた出来事があります。

それは、北朝鮮拉致被害者の方をお迎えに上がるため平壌に行く特別なフライトでした。

２００2年10月15日。当日は朝早くの集合でしたが、私は前日、寝付けないまま朝を迎え、どこか不安な気持ちで仕事に向かいました。

「おはようございます」

「よろしくお願いいたします」

いつもなら、明るい笑顔で挨拶をかわしますが、どこか、いつもと違う張り詰めた緊張感。すれ違うフライトメンバーも皆、同じような空気を感じているようでした。

CAや機長とのブリーフィング（出発前の打ち合せ）では、いつもと変わらず所要時間、飛行航路、気流などの最終確認が行なわれました。しかし、どこか緊張している私たちを見て、機長が最後に「いつものようにお客様に感動を与えられるフライトにいたしましょう」と、笑顔で一言。一体感が増した瞬間でした。

機内に搭乗して準備を進めるなか、チーフパーサーが皆を集めて、「ご搭乗後のご挨拶はどうしましょうか？」と言いました。

拉致被害者の方がようやく日本に帰国できる、そのときに、「おはようございます」でもないし、「いらっしゃいませ」でもない。

皆の口から出た言葉は「**お帰りなさいませ**」という、お迎えするに最もふさわしい言葉でした。

平壌からご搭乗になりましたら、皆様を笑顔でお迎えしましょうねと、皆で頷き合い、いよいよ私たちは出発したのです。

平壌まで飛行時間2時間あまり。無事に到着した後は、私たちも空港に降りて休む時間もありましたが、もちろん落ち着いてはいられませんでした。機内準備をしてお待ちすることになりました。

搭乗が待ち遠しいせいか、やや搭乗が遅れたように感じましたが、皆様、ゆっくりゆっくり一歩ずつ踏みしめるようにご搭乗になりました。お一人、お二人……。「五名、皆様いらっしゃる、よかった」。私はうれしくて涙が出そうになりました。

そして、心から「お帰りなさいませ」とご挨拶をしたのです。

全員、優しい笑顔で返してくださり、安堵した気持ちで席までご案内しました。

皆様、さまざまな思いをお持ちだったと思いますが、飛行中はそれぞれにお過ごしでした。

ところが、私は、そのうちのお一人が、離陸してからもしばらく下を向いていらっしゃるのに気がつきました。私はとても気になり、何とか顔を上げて笑顔になっていただきたいと思っていました。

しばらくして、他の方から「福井県は見えますか」「富士山は見えるでしょうか」とご質問があり、「あいにく、天候が不安定で雲も多いのですが、ご覧になれるようでしたらご案内いたします」とお答えしました。

そのとき、ふと横を見ると、先程まで下を向いていらした方の表情が幾分和らいでいるではないですか。「大丈夫。本当に皆様が日本にお帰りになる」と心から安堵した瞬間でした。

羽田空港国際線ターミナルに到着し、前方から皆様が降機しました。忘れ物の確認をしながら、ふと窓の外を見ると、ものすごい数のマスコミの方々です。その横に目を向けると、皆様がお迎えに来られた方と抱き合っている姿が目に入りました。

私は隣にいた先輩に「泣いてもいいですか」と一言、お断りをしたとたん、涙がわっと溢れておりました。緊張の糸がほぐれたのと、皆様が機内ではお出しにならなかった思いをお迎えの方に素直に伝えていらっしゃる姿を見て、どれほど張り詰めた思いであったのだろうと思うと、涙を止めることはできませんでした。

私は、皆様に届くはずもないのですが、機内から「お帰りなさい」と声に出して伝えておりましたが、どうしても涙は止まりません。ふと、隣を見ると先輩の背中が震えていいます。同じように涙が止まらない様子で、「よかったですね」と、私と先輩は手をぐっと握っておりました。

機内ではたくさんのドラマに遭遇します。喜び、悲しみ。でも、仕事場である機内では、どのようなことがあっても涙を流さないというのが、長年の私のポリシーでした。

最初で最後、機内で涙を流したのはこの一日だけです。

この感動の場面に遭遇でき、使命を果たせて本当によかったと思います。皆様の心を全て察することはできなかったかもしれませんが、心と心を通わせた時間でした。

なぜ、私が心を伝えることを大切にしているのか

心を伝えるとは、自分の思いを伝えることです。もちろん伝え方や言葉選びも必要ですが、言葉選びをしすぎると逆に伝えたいことが伝えられないこともあります。

相手を思うばかりについつい遠慮してしまい、思うことの半分も言えない人、あるいは相手の状況などおかまいなしに、思いを一気に伝えてしまう人……とコミュニ

ケーションの取り方もさまざまです。

メールでのやりとりも増えたこの時代、相手と向き合い、自分の言葉で自分の考えを伝えることが少なくなっているのが現状です。さらに個人主義が強くなり、相手のことを考えなくなる、危険な傾向だなとつくづく思います。

自分の心を飾ることなく、抑えることなく、けれども一方的でなく、**相手の表情や態度や言葉を体全体で感じながら心を通い合わせる**ことこそが、真に自分を伝えるということです。

本書では、そのために必要な**接遇の基本から、それを活かすための「気づく力」や「臨機応変な対応力」の磨き方**について、お話しします。

国内線と国際線のフライトは、飛行時間だけではなく、路線の特徴、お客様の目的により求められるサービスの内容とその質がまったく違います。

国内線はどちらかと言えば短時間で勝負、お客様が期待されていることを瞬時に汲み取らなければなりません。

国際線は長距離ですから、お客様の過ごし方に応じて快適な空間を提供する必要があります。サービスマニュアルはあるものの、そのときの状況に合わせたおもてなしが求められる仕事でした。

さらに、私は客室乗務員の管理職として唯一、当時グループ会社だった東京全日空ホテルに出向した経験もあります。

ホテルでのサービスは、接客業、接遇が基盤という共通点はあるものの、お客様との関わり方が全く違いました。上空と地上という大きな違いもありましたが、ホテルにはお住まいのお客様もおいでになるほど、滞在される時間が長いということです。

お客様のお迎えからご出発まで担当することも当たり前で、おのずとお客様との接点が多く、24時間何があるかわからない環境では、豊富な知識と臨機応変な対応が重要な仕事でした。

30年以上、接客業に関わっていると、目の前の方の人生そのものを垣間見ることもあります。飛行機にご搭乗される目的もビジネス、レジャーだけではなく、冠婚葬祭なども少なくありません。そのたびにお客様と共に喜び、共に悲しみもしながら、さまざまなことを経験してきました。

そのなかで感じたことは、すべては「心」だということです。人との関係が希薄な今だからこそ、人に関心を持ち、人との出会いを大切にする「体温を感じるコミュニケーション」をしていただきたいという思いから執筆しました。

本書で、お一人おひとりがご自身を磨くためのヒントを見つけていただければ幸いです。

接遇マナー講師、講演家　飯塚順子

『初対面でも、目上の人でも、一瞬で心を通い合わせる方法』目次

はじめに

1章
いつでも、誰とでも心が通い合う力

1 私が大切にしている「通心力」 18
2 「本当のコミュニケーション」とは? 21
3 心を通わせると、自分の心が喜ぶ 26
4 心を通わせると、相手の心が喜ぶ 36
5 心を伝えられなかった私の失敗 44

2
章

心を揺さぶる LIVE COMMUNICATION

1 おもてなしの作法を「覚えて」いませんか？ 50
2 「生きたコミュニケーション」で心を通わせる 55
3 LIVEで行なう「臨機応変」な対応 59
4 相手がVIPでも、心の距離の縮め方は同じ 65
5 気づきのために感性を磨く 71
6 心の引き出しを増やす 77
7 いつ、どのようなときでも、堂々と！ 81
8 LIVE COMMUNICATIONでチームを動かす 85

3章

心が伝わる会話力

1 「誰もが自分が一番」だと心得る 92
2 一にも二にも「聴く」こと 97
3 「伝える」から「伝わる」話し方へ 100
4 きちんと「褒める」ことこそ最大の武器 107
5 日常会話の質を高める「先読み力」 112

4章

最初の印象で8割が決まる

1 第一印象こそ意識すること 118
2 好印象を与える4つの鍵 122
3 人は「本番以外」を重視する 129
4 意識すべきは「最初」と「最後」 132
5 印象に残った一流の人の共通点 138
6 「ありがとう」は大きな印象を残す魔法の言葉 144

5章 VIPに選ばれる人が実践している行動習慣

1 とにかく行動してみる 150
2 いつでもどこでもメモを取る 153
3 見えないところこそ意識する 158

4 人を心地よく楽しませる 161
5 ネガティブ発言は決してしない 164
6 考えすぎない 167
7 気づいてほしいところに気づく 171
8 何が起きても慌てない 174
9 常に目標を持っている 177

6章 人の心を動かす ワンランク上の接遇力

1 「当たり前」を裏切る 186
2 24時間、自分を演じる覚悟を持つ 191
3 努力する自分をあえて見せる 195

4 踏み込まない勇気も時には必要 200
5 私が大切にしている一生心に残る言葉 206
6 心が通い合うということ
——元気を与えるつもりが与えられた、福島の笑顔 217

おわりに

装幀　漆崎勝也（朝日メディアインターナショナル）
本文デザイン、ＤＴＰ　朝日メディアインターナショナル

1章

いつでも、誰とでも
心が通い合う力

1

私が大切にしている「通心力」

あなたは「通心力」という言葉から、どのようなことを想像なさいますか？

「通心力」とは、その字の通り、心を通わせる力です。心を通わせようとしなければ、到底、相手の心を動かすことはできません。

私は、**通心力＝接遇×印象・マナー×熱意**と定義しています。

「接遇」とは、〝遭遇〟の「遇」という漢字です。ご縁がありお会いした方という意味を持ち、その方と心が通い合う応対をするということです。

「印象」と「マナー」はその心を通い合わせるために不可欠な要素。「熱意」は心を込めて伝えたいという思いがとても重要だということです。

それらを「掛け算」することにより、「心を通わせる力＝通心力」になります。大事なのは「足す」ではなく「掛ける」ということ。「足す」であれば、どこかが0であったとしても他は残りますが、「掛ける」ですと、一つでも0があれば、すべてが0になってしまうということです。ですから、どの要素も意識する必要があるのです。

当たり前にしている挨拶や日常のコミュニケーションも、単に言葉を伝えるということではなく、接遇や印象、マナーを意識し、心を込めて伝えることが重要だということです。

お店でよく見かける光景です。

「ありがとうございました。またお越しください」

言葉では感謝の気持ちを伝えていますが、お客様に目を向けず、資料を見ながら挨拶するスタッフを見かけませんか？

笑顔やアイコンタクトが備わっていない挨拶に、はたしてあなたは心を感じますか？

せっかく素晴らしい感謝の言葉も、ただ言葉を述べているだけでは心を感じません。〝アイコンタクト〟と〝笑顔〟と〝「ありがとうございます」という言葉〟が揃って初めて、真の感謝の気持ちが伝えられ、「感じの良いお店」とお客様には映るのではないでしょうか。


特に、お詫びの場面ではそう強く感じます。本当に申し訳ないという気持ちがあれば、表情も言葉のトーンも変わるはずです。

細かくこのようにするというマニュアルは要りません。素直に心を伝えましょう。決して難しいことではないのです。相手が初対面の方でも、特別な方でも、すべての基軸は「通心力」であるということです。

2

「本当のコミュニケーション」とは？

皆様は「本当のコミュニケーション」をなさっていますか？

よく見かけるのはコミュニケーションではなく、トークです。**トークとコミュニケーションとは大きな違い**です。トークは自分主体で一方的に話すことですが、コミュニケーションは双方向のものです。

よく「言葉のキャッチボール」と言いますよね。相手が受け取れるボールを投げるためには、わかりやすい言葉、気持ちの良い態度や表情が必要なのです。

また、ボールを受け取り、ボールを返すことがキャッチボールですから、話を聞いた側も言葉、表情、態度を意識し、話し手に返します。これが、コミュニケーションです。

私は現在、研修講師として全国で研修をしていますが、研修の冒頭には必ず、受講者の皆様に「お互いの時間を良い時間にしたいので、コミュニケーションを意識してください。私がここまで理解できましたか、何か質問はないですかと尋ねますので、お返事をお願いします」と、伝えています。

「そんなこと当たり前でしょ」と、お思いになるかもしれませんが、実は意外とできていないことが多いのです。

研修中、表情ひとつ変えずにずっと黙っている、頷きもない。そのような状況では、「本当に大丈夫？　話を進めていいかしら？」と、不安になります。だから、お互いにゴールにたどり着けるよう約束をするのです。

そして、講師の私も、一方的に自分のペースで話していては、受講生の心に伝わりません。受講生の反応を確認しながら言葉を強調したり、繰り返したり、スピードを変えたり、相手に合わせて話を進めるからこそ、相手が理解でき、さらに行動してみようと心を動かす研修になるのだと思っています。

あらかじめカリキュラムは決まっていますが、実際はその場の空気を感じながら、雰囲気や反応を意識しながら臨機応変に研修を進めています。その要となるのがコミュニケーションだということです。

休憩中に、受講生から学びのヒントをいただくこともあります。休憩中はほっとするのでしょうか、本音が聞こえてきます。「接遇って深いんだね」「名刺を出すタイミングって結構難しいけれど、あんまりやってないよね」など、素直な声が耳に入ってくるのです。

私は「待ってました」とばかりに近づき、笑顔で「良いヒントをありがとう、そこがやはりポイントだよね。休憩後、もう一度、皆様に確認しますね」と、その日の研修に活かすのです。

本人たちはやや戸惑った顔をしながらも、うれしそうな表情もしてくださるので、休憩時のコミュニケーションは、私の研修の恒例になっております。

逆に、研修中に反応があまり良くない人やまだまだ様子伺いをしている人、圧倒されているのか自分の考えを言わない人などに対しても、積極的にコミュニケーションを取ります。

休憩中に一人ひとりに歩み寄り、「お客様と接する中で、一番大変なのはどんなことか教えてくださいますか？」などと、「教えてください」というスタンスで切り出します。受講生は「態度が良くなかったのかな」と不安な表情を一瞬なさいますが、人は頼られるとうれしいものです。私がお伺いすると表情が一変し、休憩後は見事に受講姿勢が変わります。相手の心をつかんだ瞬間です。

相手に伝えたい、理解してもらいたい、変えてほしいと行動要請をするのであれば、**当たり前ではない工夫**が必要であり、お互いの距離を縮めるという法則がここにあるということです。

距離を縮めるのは、ほんの小さな気づき

相手との距離を縮めるのには、何も特別なことを言ったりしなければならないわけ

ではありません。スピーチコンテストではありませんので、うまく話そうとしなくてよいのです。

「なぜ、コミュニケーションが苦手なのですか？」と聞くと、大半が考えすぎで、良いことを言わなくては、と思っている方が多いのが現状です。

CAの仕事では、お客様との会話をとても大切にしておりましたが（もちろんお相手にもよりますが）、VIPの方だからきちんとしなくてはいけない、余計なことを話してはダメ、という決めつけはしていませんでした。

失礼のない対応、感じの良さを意識した丁寧な受け答えは基本ですが、はたしてそれだけで相手の心に残るでしょうか？

いつも畏まっている人とは距離が縮まりません。気張らずに、素直な心を伝えることが相手の心をくすぐるのです。

当たり前の会話でさりげなく心を伝えられたときこそ、思いがけないメッセージとして心を動かします。そのためには**相手に関心を持つ**こと、**小さなことでも気づく**力が必要です。気づかなければ相手に心を伝える言葉になりません。

3

心を通わせると、自分の心が喜ぶ

コミュニケーションで最も重要なのは、相手がどう感じているのか、相手はどのように受け止めたのか、です。

何かをしてさしあげて相手が喜んでくださったときは、全身の血が一気に心臓に逆流するのがわかるほどうれしいものです。一緒に喜びの声を出したり、思わず泣いたり、何度も姿が見えなくなるくらい手を振ったり……。自分が喜ぶ以上に、喜んでくれているということ。たとえ小さなことであっても、その一瞬が相手の人生に大きな影響をもたらし、一生心に残るのではないかと思っています。

皆様は、お子様の一人旅をお手伝いするＡＮＡのサービスをご存じでしょうか？年齢制限はありますが、以前は「ジュニアパイロット」というサービスで（現在は「キッズ旅サービス」）、多くの小さなお客様がご搭乗され、特に夏休みは機内が「空飛ぶ幼稚園」となります。

ある夏の日の福岡行きのフライトでの出来事です。この便も数十名という一人旅のお子様の予約が入っておりました。お子様は先にご搭乗になりますので、搭乗開始前に私はゲートまでお迎えに行きました。

すでに、大きなリュックを背負って、手には大きな紙袋を持ちながら、お子様たちがきちんと整列しています。元気な表情の子供、不安気な表情の子供、大人顔負けの旅慣れていそうな子供と、一人ひとりの気持ちが手に取るようにわかります。

人数を数えていると、なんと一人足りないことが判明。すぐにお呼び出しをすると、遠くに大泣きしているお子様がいるではないですか。おそらく、行くのを渋っているのでしょう。お母様は困惑しています。

なんとかゲートまでたどり着いたそのお子様に、「初めて一人で乗るのかな？　飛行機にはお友達もたくさんいるから、大丈夫。飛行機の中で何をして遊ぶ?」と、とにかく安心させ、遊びに意識を持っていくしかありませんでした。

お母様には「ご安心ください。私が責任を持ってお子様を見て福岡までご案内します」とお伝えし、泣き止んだところで搭乗となりました。

お子様一人旅の飛行機の中は大変です。「ピンポン」、違うところからも「ピンポン」と、パスコール(呼び出しボタン)があちらこちらから。「どうしました?」と聞くと、「音楽が聞きたい」「ベルトがどこかにいっちゃった」。時には「カブトムシが逃げそう」「えー、大変だ、かごに入れて」と、本当に幼稚園の先生です。

最後に搭乗したお子様は相変わらず、黙って、キョロキョロしています。お母さんを探しているのでしょう。すぐにそばに行き、「これがね、音楽を聞くイヤホーンていうの、聞いてみる?」「お荷物には何が入っているかな? おもちゃはあとで遊ぼうね」と声をかけました。

それ以上に送り出したお母様の気持ちがもっと気がかりで、「きっと心配しているだろうな」「気が気ではないだろうな」と考えると、心が痛くなりました。

何をしてさしあげられるだろうか、と考えたところ、機内での様子を手紙に書いてお母様にお届けすることにしたのです。

はがきにゲームで勝ったこと、富士山がきれいに見えてきれいなどと、お子様が感激していたことや機内での様子などを書き、お子様には絵を書いてもらい、二人で心を込めたメッセージカードを作りました。

「このお手紙はお姉さんが責任を持ってお母さんに届けるからね」と伝えると、とてもうれしそうでした。

その後は、迎えに来られるおばあさまにプレセントしようと折り紙を折り、まもなく到着というときにはすっかり元気になっていました。

到着後、片手におばあさまへの折り鶴のお土産をしっかりと持ち、降機です。

「空港におばあさんがお迎えに来ているよ、楽しみだね。お姉さんも楽しかった、ありがとう。また、会いましょうね」と最後のお別れをして、後は旅客係員にバトンを託しました。

それから3週間後、「飯塚さん、お客様からお礼状が届いていますよ」と上司から1通の手紙を受け取りました。

あの一人旅をしたお子様のお母様からのお礼状でした。

「羽田で見送ってからどうしているかなと気になっておりましたが、到着後、無事に着いたとの連絡をいただき、安心していました。その後、CAさんから機内での様子のお便りに驚きましたが、機内で楽しんでいた様子が手に取るようにわかり、ありがたい気持ちでいっぱいになりました。

一人で飛行機に乗せて大丈夫かと悩みましたが、一人旅をさせて本当によかったと思いました。また利用させていただきます」という内容でした。

私は目の前の人が今、どのような気持ちでいるのかを考え、何をしてさしあげたらお喜びになるか、**その先の笑顔をイメージして行動する**ことが、心を通わせることに通じると思っています。お母様がはがきを見て子供の様子を思い浮かべたときの笑顔、安心した姿を想像するだけで、自分の心が喜んだ経験でした。

さらに、当時の「ジュニアパイロット」の皆様が、現在はANAの顧客になってくださっています。幼い頃に受けたおもてなしが心に残っているから、素晴らしいご縁が続いているのだと思います。

たった一言の声掛けで相手の心に伝わる

前方からご搭乗なさったある女性のお客様。荷物と紙袋をしっかり抱えながら、どこか不安気で落ち着かない様子でご搭乗になりました。

私はその姿から、初めての飛行機だろうとすぐに思いましたので、笑顔で「ご搭乗ありがとうございます。お席はおわかりでいらっしゃいますか」と声をかけました。するとと突然、不安な様子とは裏腹に、「初めて乗るものでわからないです」と、少し強い口調で言われたのです。

不安な気持ちを知ってもらいたいと思う気持ちが強いから、そのような口調になるのであろうと察しましたが、同時になんとか心を落ち着かせていただきたいと思いました。荷物をお持ちしながら席までご案内し、「こちらがお客様のお席でございます。お一人でここまで大変でしたね」と一言かけると、ほっとしたのでしょう。「ありがとうございます」と、涙を流しながら私の手を握りしめたのです。

「ごめんなさいね、息子のところに行くのですが、本当は息子が迎えに来てくれることになっていたのに都合が悪くなって……。もう一人でしょ、不安で、不安で。でもあなたの一言で安心しました」と、お話ししてくださいました。

私はお客様の担当ではなかったので、担当者に状況を伝え、お客様にも「私は後程、参ります。担当のCAにもお客様のことは伝えておきましたのでご安心くださ い。空の旅も良いものですよ。楽しんでくださいね」と、その場を離れました。

飛行中も気になりましたので、手が空いたらお客様のところに伺い、席から離れて窓の景色をご覧いただいたりできることを教えてさしあげました。

到着後はお客様のところには伺えない状況でしたので、着陸前にそっとお別れをしておりました。

「本日はご搭乗ありがとうございました。楽しんでいただけましたか？　次回は息子さんとのご搭乗をお待ちしておりますね。空港に着きましたら、空港の社員がお客様をバス乗り場までご案内しますのでご安心ください。またお会いしましょう」

お客様は何度も手を握ってくださり、私は後ろ髪をひかれながら持ち場に戻りました。それでも到着後は「大丈夫かな、無事にバスに乗れるかな」と心配していると、ピンポンとインターフォンが鳴りました。

インターフォンに出ると、担当CAから「飯塚さん、担当の○○です。16番のお客様がどうしても最後にもう一度、お礼を言いたいので、席で待っていると仰ってます」との内容でした。

一瞬にしてお客様の気持ちが手に取るようにわかり、その待ってくださっている姿まで目に浮かびました。降機中のお客様の間を割り込んで前方に行くことはできませんでしたので、お待たせすることになりましたが、お客様のところに伺うと、大荷物を抱えて立っていらっしゃるではないですか。私を待っていてくださっている小さな体を見て、思わず「失礼します」と言いながら、お客様の手をぎゅっと握っておりました。

お客様は私を見るなり、「やっぱりきちんと最後にお礼を言いたくてね。ごめんね、呼び寄せてしまって」と、にっこり笑ってくださいました。最後の最後まで手を振って、進んではまた、振り返って、名残惜しそうにお別れをしました。

相手の心を気遣う一言が、「また会いたい」「感謝の気持ちを伝えたい」という気持ちにさせるのです。小さな行動、小さなつぶやきを逃さないでください。相手が喜んでくださることで、きっと自分の心がもっと喜ぶはずです。

「人間大好き」が基本

私はANAのDNAでもある「**おせっかい文化**」を推奨しております。「おせっかい」というと敬遠する方も少なくないと思いますが、相手のことを考え、気づいて、行動するから、おせっかいができるのです。

私たちは常に人と関わりを持っています。自分が人間らしく喜怒哀楽を感じることができるのも、体温を感じる会話ができるのも、相手がいるからです。自分が悩んでいるときに「何かお役に立てることがあったら、いつでも連絡して」なんて言われたら、うれしくないですか？　相手のことを思うメッセージは心が伝わるのです。

ANAでは、お客様への心を込めた一言を大切にしておりました。当たり前のことを言うだけではなく、一言添えるのです。例えば、食後、バッグの中を探っているお客様がいらしたら、「お薬でございますか？　お白湯《さゆ》になさいますか、お水になさいますか」とタイミングよく、お声掛けをするのです。

薬だからお水、と一方的に決めつけるのではなく、白湯で飲まれる方もいらっしゃるかもしれないと、一歩踏み込んだ対応をするのです。相手にお選びいただく対応をする、これもおせっかいだからできることです。

「この人のために何かお役に立てることがないかな」という思いには、気づく力が求められます。目も耳も二つしかありません。アンテナを後ろにも張り巡らせて、キャッチすることが大事です。

「**目配り、気配り、心配り**」とよく研修で伝えています。

この気づく力は、人をよく見ていないと養われません。おせっかいでよいのです。

「人間大好き」こそ、心を通わせる原点です。

4

心を通わせると、相手の心が喜ぶ

ある夏の日のバスの中、赤ちゃんが大きな声で泣いていました。暑さもあり、いつも以上に耳に残る泣き声。乗客もやや怪訝そうな表情で「なんとか泣き止まないの？お母さんは何をしているのかしら」、そんな心の声がそこらじゅうから聞こえてくるようでした。

乗客の気持ちも、お母さんの気持ちもよくわかります。特にお母さんは申し訳なさそうに、肩身の狭い思いをしている様子が伺えましたので、私も何かお手伝いすることはないかと、カバンの中をあさっていました。

すると、運転手さんが停留所でアナウンスを始めました。

「皆様にお願いがあります。赤ちゃんは泣くのがコミュニケーション。赤ちゃんも暑いのです。でも、暑いとは言えません。泣くしかないのです。しばらくお付き合いいただけないでしょうか」

心がジーンとなる素敵なアナウンスでした。

お母さんは本当に申し訳ないという表情でしたが、乗客に向かいペコリとお辞儀をします。すると、そこにいた周りのお客様から「そうだね、暑いよね。大丈夫？」と、笑顔でお母さんに声をかける姿がありました。

お互いの気持ちを察して、心が通い合った瞬間でした。

マニュアルだけでは伝わらない

機内でも、同じような場面が、帰省する若いお母さんが増える夏のお盆の時期に見られます。

機内はバスよりも狭いですし、環境も変わるし、今まで聞いたこともない音も鳴っている。時には気圧で耳が痛くなることもあります。当然、赤ちゃんは驚き、不安になります。「ギャーギャー」と、尋常ではない泣き方をして、お母さんは動きようもない席でいたたまれなくなり、小さくなっています。

そして、周りのお客様は私たちに心のつぶやきを投げかけます。「泣いてるよ。うるさいから、なんとかして」と。

そんなときは、双方にマイナスにならない対応をしなければなりません。お母さんにはメモで「お母様、大丈夫ですよ。後程、皆様には私が代わりにお詫びをします。もしよろしければ離陸してシートベルトのサインが消えたら、私たちがご案内する席でゆっくりなさってください。何でも遠慮なく言ってくださいね」とお伝えして、安心していただきます。

一方で、周囲のお客様には「申し訳ございません」と、一人ひとりにアイコンタクトと会釈でお伝えすると、険しかった表情がみるみる和らぎ、また、アイコンタクトで「ありがとう」と、心を伝えてくださいます。

お母様にメモで伝えるのは、他のお客様の前で言われると恥ずかしい思いをして、余計恐縮してしまうからです。どのように心配りをするのか、機転をきかせた臨機応変な対応力が必要です。

マニュアル通りに型をこなすのは、接遇ではありません。大事なのは、相手のことを考えたうえで「自分がどうしたいか」「自分が何をしてさしあげたいか」です。

相手の心が喜ぶことでもたらされる良い結果

私が今でも大切にしているもののひとつに、お客様からいただいたお礼状があります。それも33年前の手紙で、白い便箋が茶色になっても大切にしています。

私の原点として、仕事のときはいつもそばに置いております。

あれは入社して2年目、チーフパーサーを目前にしており、とにかくできることを一生懸命に、貪欲に仕事をしている時期でした。

2月の札幌線を担当したときのこと。2月と言えば、札幌雪祭り。札幌線はもちろん満席でした。

そのとき、ドアクローズ間近に飛び乗った数名のお客様がいらっしゃいました。息を「はあ、はあ」と切らしながら、申し訳なさそうに通路を通りました。

私の担当の席に着いたその方の、なんと荷物の多いこと（ひと昔前は荷物制限が今ほど厳しくなかったのです）。その状態を見て、私は思わず「なんで……」と、つぶやいてしまいました。聞こえなかったからいいものの、思わず本音が出てしまったのです。

お客様は「本当に申し訳ないです。道が混んでいて……。でも、乗れてよかったです」と、周囲の方にも聞こえるくらいにお詫びをなさっていました。

私は、つい本音が出てしまった自分を反省しながら、まずは落ち着いていただこうと、「大丈夫ですよ。よろしければお水をお持ちしましょうか」と対応しました。

私はそうこうしているうちに荷物を収納しなければならず、機内を駆け巡り、やっとの離陸。ふと、「大きな荷物を持っていらした先程のお客様は、何のお仕事をなさっているのかな」という興味が湧きました。

飛行中、サービスが落ち着いたところでお客様のところにお伺いし、お飲み物のおかわりをお聞きしながら、「少しは落ち着かれましたか？　これからお仕事でいらっしゃいますか？」とお尋ねしました。

すると、その方はカメラマンでいらっしゃることが判明。雪祭りの写真の撮影でスタッフの方たちとこれからお仕事ということでした。

「ごゆっくりお過ごしください」と告げて、ギャレー（機内のキッチン）に戻り、お子様にさしあげるおもちゃの準備をしていると、「ピンポン」とパスコールサインを確認しました。

なんと、先程のお客様が「羽田空港で忘れ物をしてきた」とのことでした。大変なことです。詳細をお聞きして、機長から無線で連絡していただきましたが、着陸まで時間もなかったことから到着後の対応となりました。

お客様は大変お困りの様子でしたので、何とかしてさしあげたいと思い、絵はがきに「本日はご搭乗いただきありがとうございました。時間がなく、お忘れ物をお探しすることができなくて申し訳ございません。到着後、旅客係員にお尋ねくださいませ。お忘れになった物が見つかること、また、素晴らしい雪祭りの写真が撮影できますことを乗務員一同、お祈り申し上げます」というメッセージと、少しでもリラックスできますようにとキャンディをお渡ししました。

カメラクルーの皆さんは驚かれておりましたが、とてもうれしそうに、「ありがとうございます」とお受け取りになり、機を降りていかれました。

そのお客様から後日、こんなお手紙が届いたのです。

「先日は搭乗も遅れたうえに、羽田に忘れ物をしたことに対して丁寧に対応してくださいましたこと、さらに、遅れて申し訳ないという気持ちでいた私たちに満面の笑顔で対応してくださり、心が温かくなり、ほっといたしました。

最後にいただいた皆様からの心のこもったメッセージに勇気づけられ、おかげさまで今までになくいい写真を撮ることができました。無事に忘れた資料も手元に戻りました。すべてに感謝です。また、乗せていただきます」

相手を思う気持ちを伝えることで相手の心が喜び、その先の仕事にもいい影響をもたらす、ということです。この人に何かをしてさしあげたいという気持ちを大切に、できることはもちろん、できないことであっても、精一杯できる限りのことをしてさしあげましょう。

5

心を伝えられなかった私の失敗

焦りは禁物、急いては事をし損じます。

私にもいくつかの失敗があります。今でも忘れられない、教訓となっている事例をお話ししましょう。

あれは20年ほど前、羽田発大阪伊丹行きのビジネス路線でのできごとです。羽田に到着が遅れて、到着した機材を使ってのフライトでした。

私たちは、到着画面を食い入るように見ながら、そろそろ駐機場に着くというのを見極めてから客室部を出発します。ゲートに向かい、待機するわけです。

そして、飛行機に乗り込んだら戦闘開始。担当に分かれて機内準備。チーフパーサーは機長とのブリーフィング時間の確認、旅客係員とお客様情報の確認、その間に清掃係員との清掃状況確認、整備士との機内点検確認、各客室乗務員からの報告を受けながら、自分も準備をします。そして運航乗務員とブリーフィングをして最終機内点検をしてから、最後に「気持ちを落ち着かせて笑顔でお迎えしましょう」と、皆にメッセージを送り、自分もCAとして、お客様のご搭乗開始となるわけです。

チーフパーサーは相当なマネジメント力が求められます。現場にいるときは当たり前のことで気がつきませんでしたが、今では日本のCAは世界一、判断力や決断力に長けていると、私は心から自負しております。

しかし、どんなに急いで準備をしても、残念ながら定時に出発させることができないこともあるのです。

その日の便はB747、お客様は500人の満席でした。一気にお客様がご搭乗になり、入り口では「お待たせいたしまして、大変申し訳ございません」とお詫びをしながらお迎えをします。どのお客様を見てもイライラが感じられ、何とも言えない張り詰めた空気が漂っておりました。

最後のお客様のご搭乗後、ドアを閉め、チーフパーサーはコックピット（操縦室）に報告に行きます。ドアクローズは定刻より5分ほど遅れていました。この機材はコックピットが2階席にありますので、急いで2階に上がりましたが、そこに女性のお客様がまだ立たれておりました。

私は「申し訳ございません。お通しいただけますか」と、1秒でも早くコックピットに行きたい一心でした。

コックピットから出てほっとしていると、先程の女性から「あなた、とても失礼です。横を通る際に、私の体に触れましたよ。謝ってください」と、怒り露わな表情で怒鳴られました。

私には身に覚えがなく、一瞬「えっ」という感じでしたが、確かに急いでいたのは自分です。まずはお詫びをし、後程、お話を伺うお約束をして、とりあえず1階に降りました。


なぜ、お客様を不快なお気持ちにさせてしまったのか？

そうなのです。私は早く出発させなくてはと焦っておりました。気持ちが焦っていたばかりに、自分のことだけを考え、行動してしまったのです。

すぐにお客様のところに伺い、お話をお聞きすると、「気持ちはわかるけれど、まだ私は立っていたのよ。それをかき分けるように行くなんて、あれは失礼ですよ」と、仰いました。当たり前のことでお恥ずかしい限りでした。

普段と違う場面になると、どうしても自分が見えなくなり、大事なことを見失ってしまいがちです。どのようなときにもお客様の心理を考え、きちんと相手に伝わるように、心を届けなければなりません。

ここで肝心なのは、**自分らしさを失うときとはどんなときなのか**を自分で認知しておくことです。マイナスに陥りやすいと思ったときこそ、一呼吸して心をリセットし、相手と心を通い合わせるスタンバイを心がけてください。

2章からは、相手との距離を縮め、心を通い合わせるための具体策をお伝えしていきます。

2章

心を揺さぶるLIVE COMMUNICATION

1

おもてなしの作法を「覚えて」いませんか？

私が接客・サービス業の研修を行なう際、必ず冒頭で「接客と接遇は違うということをご存じですか？」と、質問します。すると、皆さん、「え？　何を聞いているの？」という表情で私に注目します。

次に、「接客と接遇は一緒だと思っておりませんか？」と、お尋ねします。すると、「違うんだ！」というような表情になるわけです。

ここが一番大事な入り口です。なぜかと言うと、「接遇」をあまり意識なさっていない方が、残念ながら多いからです。「接客」で満足して、形だけで応対をしているということです。

丁寧なだけの接客でも、お客様は一瞬、見た目には良いと思ってくださるかもしれませんが、ほんの一瞬です。

本書の読者の方の中にも、接客・サービス業に携わっている方がいらっしゃると思いますが、形だけを覚える接客はやめていただきたいと、ここに声を大にしてお伝えします。

1章でもお伝えしたように、あなたの心を伝えるということが接遇であり、あなたの「らしさ」を大事にしていただきたいと思います。

世界でたった一つの「あなたのおもてなし」でいいのです。

一生心に残る「期待以上のおもてなし」

以前、友人と思い立ち、おいしい鰻を食べに行こうということになりました。急いでホテルを予約し、浜松に向かいました。

ホテルに着くやいなや、「おいしい鰻を食べたいのですが、どこかおすすめのお店はありますか?」と、真っ先にカウンターで尋ねました。おそらく、そのホテルで一番多い質問なのでしょう。即答でおいしいお店を紹介していただきました。

いったん部屋に戻ってくつろいだ後、地図を片手に出かけることにしました。すると、先ほどお店をご紹介くださったベルガールが駆け寄り、「これからお食事ですね、お口に合うとよいのですが」と、にこやかに声をかけてくださいました。私たちのことを覚えていてくださり、わざわざ声をかけてくださったのです。

さらにその後、食事を終えてホテルに戻ると、また、その彼女が、「お帰りなさいませ。浜松の鰻はおいしかったでしょうか。お口に合いましたか?」と、不安そうな表情で私たちに尋ねてきてくれました。

私たちは口を揃えて、「おいしかったです。良いお店をご紹介いただき、ありがとうございました」と、これ以上ない笑顔で答えていました。

「まさか」という期待以上の対応をしてくださったからこそ、私たちの心に残っているのです。

そして、「うなぎもおいしかったけれど、それ以上にホテルのベルガールの女性の応対が素晴らしかったのよ。機会があれば行ってみて」と、人に勧めるわけです。

このベルガールの対応が通り一遍のものだったら、どうだったでしょう。当たり前の仕事しかしていなければ、相手の心に残ることはありません。

「ホテルはまあまあだったけれど、うなぎがおいしかったからよかったね」、あるいは「ホテルがイマイチだったわ。なんだかうなぎの味さえよく覚えていないし、残念な旅」なんてこともあるかもしれません。

相手のことを気遣い、素直な気持ちをメッセージとして私たちに伝えてくださったからこそ、私たちの心に届いたのです。これこそまさしく「通心力」の成果と言えるのではないでしょうか？

1章でも述べたように、おもてなしにはマニュアルはありません。この人のためにどのようなことをしてさしあげたら喜んでいただけるかという気配り・心配りが重要であり、「形」ではないのがおもてなしの真髄です。

それでは、どうすれば気配りや心配りが実践できるのでしょうか？

まず、作法という概念は捨て、形ではなく相手を思う気持ちを前面に表わしましょう。そして、軸を自分に置くのではなく、いったん相手に置いてみる習慣を身につけましょう。

本章では、形にこだわらずに相手に心を伝える方法についてご紹介いたします。

2

「生きたコミュニケーション」で心を通わせる

私は何度となく、「LIVEでこそ心を伝えることができる」と伝えています。その場の状況、相手の表情や反応を感じて、その場に応じた対応をすれば、相手との心を揺さぶり、相手に感動を与えるほどのコミュニケーションとなります。

本章では、そのような「**LIVE COMMUNICATION＝生きたコミュニケーション**」についてお話ししていきます。

私が大事にしている「LIVE COMMUNICATION＝生きたコミュニケーション」とは、「体温を感じられる会話」のことです。

皆さんは、「トーク」と「コミュニケーション」の違いは何だと思いますか？
「トーク」は「話す」という意味ですが、自分から一方的に発するという行為です。それに対してコミュニケーションは、二人称、三人称に向けて話すこと。相手と対話することを意図しています。

皆様が日頃なさっているのはどちらでしょうか？　頭では理解していても、実際、コミュニケーションを意識されている方は少ないのではないでしょうか。

コミュニケーションを意識すると結果が変わる

ビジネスにおいて、すべてがコミュニケーションです。出社した際の挨拶も、「トーク」ではなく「コミュニケーション」を意識すると、結果がまったく変わってきます。あなたの挨拶は、きちんとアイコンタクトを取り、相手に向けて言葉を発していますか？

ＣＡ時代、当然、私も笑顔とアイコンタクトを重視して挨拶をしていたつもりです。ところが管理職になると、忙しさに心ここにあらず、というときがあり、アイコンタクトも取らずに挨拶、挨拶しながらすぐに目を資料に向ける……など、心を通い合わせようとしていなかったこともしばしばでした。

そんなとき、仲間の異変に気づかないでいたことがありました。ある日、後輩ＣＡが仕事の途中で体調が悪化し、冷や汗を出しているではありませんか。

私が「どうしたの？　我慢してた？　早く言えばよかったのに」と言うと、彼女は「朝、一番に言おうと思ったのですが、リーダーも忙しそうでしたので……。言えずに、すみません」。

朝からきちんとアイコンタクトを取り、挨拶をしていたら、相手のいつもと違う表情に気がついていたはずです。

「あれ、顔色が悪いな」と、相手の様子に異変を感じたら、「私の勘違いだといいんだけれど、なんだか体調が悪いのではありませんか？」などと、声をかけられたはずです。

あるいは、朝、会議前に緊張している様子の後輩に気がついたら、「○○さん、おはよう。今日の会議、いつもの調子でよろしく。緊張しなくていいからね」と言ってあげられます。

その言葉で相手の心はホッとし、「リラックスして、いつもの笑顔で頑張ります」などと、気遣いの言葉に感謝すると共に、背中を押してもらったことで、いつも以上に自分の力を発揮できるはずです。

これこそ「生きたコミュニケーション」です。

3 LIVEで行なう「臨機応変」な対応

「CAという仕事は一見とても華やかに感じますが、大変なのでしょうね」とよく尋ねられます。一言で言えば、「大変責任のある仕事であり、体力勝負の仕事」です。なかなか経験できないことも経験でき、うれしいことや感動することも山ほどありますが、確かに、現実は厳しい世界でした。

しかし、人として大きく成長できる仕事でもあります。お客様に安心感や信頼感を与えられる存在であり、常に責任感、判断力が求められました。特に必要とされるのは、何か通常と違うことが起きた際の**瞬時の判断力と行動力**でした。

以前、チーフパーサーとして乗務していたときのことです。離陸後、飲み物のサービスの準備をしていると、ピンポンとインターフォンが鳴りました。後方でお客様が倒れたとの一報でした。

その場でバイタルサイン（血圧、脈拍、呼吸、体温など）を確認して指示を出し、目を離さないことをCAたちに伝え、準備を終えたら隣のCAに仕事を託して後方に行きました。その後、お客様の状態を見て、しばらく様子を見るのか、あるいはすぐに医療従事者の協力を得ることが必要なのかを判断するのです。

一刻を争う事態に陥ることもありますから、的確な所見が最も重要です。そうこうしているうちに他のお客様へのサービスも進めなくてはいけません。具合が悪くなったお客様を看ている担当CAはその場を離れることはできませんから、サービス要員が1人減るということです。そのCAの担当エリアには、違うCAが対応します。

私はチーフパーサーとして、瞬時に担当する範囲を決め、サービスを進めなくてはなりません。他のCAも、私やパーサー（クラス責任者）が指示を出すまでもなく、他のお客様にご迷惑をかけないようテキパキと行動し、何事も起きていないように笑顔を絶やさず、サービスを続けます。それは見事な連携プレーです。

担当CAには、さりげなく「あとは任せて。お客様をよろしくね」と、一言。お客様を看ているCAは安心して看病ができるのです。

日々の経験の積み重ねで臨機応変な対応力を高め、自ずとどのような場面にでも対応できるスキルを持つのです。

現在、他の企業の研修に伺うようになって改めて、CAの「**生きた対応力**」の高さ、ANAの人財育成の素晴らしさを感じました。

LIVE COMMUNICATIONが感動の再会を呼んだ

ホテルの出向から戻り、フライトの習熟に集中していたとき、私だけにしかできない、とっておきのサプライズを経験したことがあります。

その日はロンドン行きのフライトでした。出社して、プリ・ブリーフィング前にファーストクラスのお客様情報を確認していると、ホテルで私が担当させていただいたお客様の名前がありました。私は思わず、「ホテルで私が担当したお客様がご搭乗になるわ。これもご縁かしら」と、興奮気味にチーフパーサーに話をしました。

その日は、私はビジネスクラス担当でしたので、ご挨拶は無理かと思いながらブリーフィングを開始。すると、チーフパーサーが「本日は特別なお客様がファーストクラスにご搭乗になります。実は……」と、私のことを同乗CAに話し、「飯塚さん、ご搭乗中、ファーストクラスのお客様へのご挨拶と、お客様のお手伝いをお願いしてもよろしいですか」と、お話ししてくださったのです。

「ありがとうございます。お客様は驚かれると思いますが、小さなサプライズをさせていただきます」

このうれしい配慮に思わず笑みがこぼれてしまいました。

さらに同乗CAも、「ANAにとっても素晴らしい再会ですね」と、思い出に残る時間作りに協力してくださいました。ANAのDNAは、「**できることは皆で協力して作り上げる**」なのです。

お客様のご搭乗をお迎えしていると、そのお客様がいらっしゃいました。最高の笑顔で「○○様、いつもご搭乗いただき、ありがとうございます。本日もごゆっくりとお過ごしいただき、仕事のお疲れをお取りくださいませ」と、最高の笑顔で挨拶をしました。

お客様は「ありがとう」と仰り、いったん下を向かれましたが、すぐに顔を上げられて、「あれ⁉」と、頭が天井に着くくらいに飛び上がり驚かれました。

大きな声で「あの、ホテルにいた飯塚さん⁉　ANAに戻ったとは聞いていたけれど、ここで会えるとは驚きだ！」と、覚えていてくださっていたうえに、再会を大変喜んでくださいました。

「ホテルでは本当にお世話になりました。ここでまたお会いできて大変うれしく思います。また、上空でお時間をいただいてもよろしいでしょうか」とお声をかけ、再び、上空でお話をさせていただくことにしました。空の上で話が弾んだことは言うまでもありません。

通常、ファーストクラスも、ビジネスクラスも、エコノミークラスもそれぞれにコンセプトがあり、その空間を大事にし、快適にお過ごしいただくことを大切にしております。それぞれにサービス資格があり、誰でも立ち入ることができるわけではないのです。

私が今回のようにホテルのお客様のことをチーフパーサーに伝えなかったら、感動ある再会は実現できませんでした。無理なこともありますが、いつも可能性を考えること。**「LIVE＝目の前のこと」を大切にする**こと。それが感動のおもてなしにつながります。

臨機応変に、そのとき、その場を大切にして、LIVEだからこそ伝えられる感動をたくさん経験してください。

4
相手がVIPでも、心の距離の縮め方は同じ

既にお話ししたように、私は客室部の管理職となってから3年目に、グループ会社の東京全日空ホテル（現・ANAインターコンチネンタルホテル東京）に出向しました。そのときは、CAの仕事との違いにとまどったものです。

当時、ホテルへの出向内示をいただいたときは本当に驚きでした。管理職として仕事にも慣れ、今後の機内品質を検討するプロジェクトメンバーでもありましたので、正直なところ「なぜ今なの、なぜ私が？」と、疑問でいっぱいでした。

複雑な気持ちでいる私に、たくさんの温かいエールをいただきましたが、それ以上

に重いプレッシャーを抱え込みました。

「飛行機とホテルをご利用くださるお客様も多く、シームレスなサービスが期待されている。さらに高品質なサービスを実現させたい」「ホテルサービスも勉強し、サービスの幅を広げてほしい」といった会社の使命に応えなくてはならない、という気持ちでいっぱいでした。


実際、想像以上に厳しい世界でした。いきなりホテルの顔でもあるコンシェルジュ担当になり、とにかく戸惑うことばかり。

コンシェルジュは「執事」とも言われますが、簡単に言えばご案内役。しかし、ただ案内をすればいいということではなく、お客様のご要望を的確に把握し、迅速に対応することが求められます。

それ以上に、知識が豊富でなければ務まらない仕事で、期待以上のおもてなしができて当たり前の世界。とにかく勉強の日々でした。


皆様、ご存じでしょうか？　京都の舞妓さんの手配はどうするのか。私が初めてお受けした仕事です。当時の私はとても慌てました。とりあえず京都市観光協会に連絡をし、外国人のお客様に料亭の案内など、汗をかきながら手配をしたのを今でも覚えています。

「歌舞伎を観に行きたい。おすすめの演目は何か」「部屋でプロポーズをしたい。ワインは1982年の白のシャトーマルティック、グラスはバカラベガのワイングラス2脚を用意してほしい」などなど、ご要望が多岐にわたるだけでなく、瞬時にお応えしなければならないことばかりで、はたしてこれから私がお役に立てるのか、と悩んだ時期もありました。

まずは相手の心に飛び込んでみる

また、上層階ご利用のお客様専用エグゼクティブラウンジでは、快適な空間と時間を提供することが求められました。

前述したマエストロのお客様がご宿泊した際には、「普段は音楽を聞きたくないので音を止めてほしい」というご要望のため、いらしたらすぐに音楽を止め、室内設定温度の確認をするなど、環境までをも意識したおもてなしが求められました。

その他、プロトコールも担当しました。プロトコールとは、プロトコールマナー（国際儀礼）を遵守した、会場の準備から的確なエスコートをまでを担当する重要な仕事です。

ホテルではＶＩＰの方のご案内担当でした。玄関でお迎えし、宴会場やレストランへのご案内、また、玄関までお見送りとスムーズなご案内が求められました。これは、スタッフとの連携がすべてです。

まず勉強したのが、政治家の皆様のお名前とお顔、お客様の車種と車番を覚えること。必死にドアマンに教えていただきながら、片手には常に国会議員要覧を持ち歩いていました。

当日ご来館になるＶＩＰの方の確認と、その方の情報を確認し、ご案内だけではなく、挨拶の一言やご案内中の会話にも活かします。お誕生日、ご昇進されたときは、ご挨拶の後に「ご昇進おめでとうございます」と心を込めてお伝えしました。

レストランや宴会場にご案内した後は、レストランからデザートをお出ししたとの連絡をもらったらお迎えに行き、玄関までご案内。一足早くドアマンのところに行き、お名前と車番を伝え、お客様が玄関に着いたときには、目の前にお車が到着しているように対応していました。タイミングよくお見送りができたときは、思わず心の中でガッツポーズをしていたものです。

コンシェルジュもプロトコールも最初はぎこちなかったのですが、いつもご一緒させていただくことで、政治家の方ともいつしか自然に日常会話ができるようになり、和やかな雰囲気を作れるようになりました。

うれしいことに、「今日は飯塚さんはいないの?」と、私を探してくださる政治家の先生もいらっしゃいました。

4年間の出向中は、初めてのことばかりで必死に学んだ日々でしたが、同時に改めて接客やサービスについて振り返る良い機会でもありました。

私が今、このように皆様の前で心を通わせることの素晴らしさをお話しできるのも、機内とは違うサービスを通して接遇を極めることができたからです。

ホテルでは、まず自分を知ってもらうために、自分の部署だけではなく、ホテルスタッフ全員に向けて「LIVE COMMUNICATION」を実践。仲間との心の距離を縮めることから始めました。

相手が誰であっても、どのような場面でも、自分の心を伝えたい、相手との心の距離を縮めたいときには、**まず相手の心に飛び込む**ことが第一歩なのです。

5 気づきのために感性を磨く

喜び、怒り、悲しみ、楽しみ。人間こそが持つことができるさまざまな感情です。悲しみを経験したから、小さな幸せに感謝し喜びに変わる。怒りをぶつけたからこそ互いを理解し、楽しい時間を持つことができる、そんなものではないでしょうか？

近頃、心を表現しない人が多いように感じます。笑顔になれないのではなく、心を閉じているから笑顔ができないのです。楽しいのか、うれしいのか、つらいのかもわかりません。

思いっきり喜ぶから人間らしいのです。怒っても泣いてもよいのです。だからこそ、相手に心が伝わるのです。

素直に感情を表現する。こうした感性が、相手の心に気づく力になります。

ＡＮＡでも、私は常に感性を磨くことに専念しておりました。例えば、以下のようなことです。

①オンとオフの切り替えをする

喜怒哀楽が明瞭な私でも、決して仕事では「ギャハハ」と大笑いはしませんし、大泣きもしません。でも、オフのときには思いっきりします。心が感動するから大声を出す、涙を流す。心が喜んだからこそ生き生きとした表情になり、一息ついて頑張ろうという気持ちにもなる。オンとオフの気持ちの入れ替えは、新たな感動を迎える準備となります。

②生活に中に良いものを取り入れる

良いものを観て、良いことを経験すること。自分が感動したからこそ、その事象を自分の仕事や生活に活かし、相手に言葉や行動で伝えられます。相手も感動し、感動している相手を見て自分も感動できるのです。

良いことを学ぶ、好きなことをする、心地良い時間を持つ。すべてが心に喜びの水を与えることです。感性を鍛えて感動を伝えましょう。

感性が磨かれたANAでの出来事

あるフライトで、老夫婦がご搭乗になりました。不安そうな表情をなさっていたことから、初めての飛行機だなとすぐに察しました。

「こんにちは、ご搭乗ありがとうございます。お席までご案内いたします。お荷物をお持ちします」と言いながら席までご案内しました。

「こちらがお席でございます。飛行機は初めてでいらっしゃいますか」と、ご案内しながらお話をしますと、嫁いだ娘さんのところに行かれるということでした。

「また後程、参りますね」とお声をかけて席を離れました。

しばらくして、お二人の様子が気になり、少し離れたところから姿を見ると、どうも他の方とは何かが違います。よく見ると、座高が高いのです。「あれ?」と思いながら席に伺うと、なんとお二人は正座でお座りになっておりました。

さらにお声をかけようとすると、イヤホンを口にくわえているではないですか。差し込み口にさす部分を口にしていたのです。

ここでも決して直接的に「間違えております」とは言わずに、「ご案内が遅くなりました。お客様、こちらは音楽を聴く際にお使いいただくものです。こちらに差し込んで聞いてみてください」と、丁寧にお教えしました。

後からゆっくりお話をお聞きしたところ、耳が詰まるので耳抜きだと思われたそうです。素晴らしい発想です。

ちなみに、最初は落語を選んでさしあげましたが、ご高齢の方が落語好きとは限りません。このようなときは、「今は落語ですが、音楽がよいですか」と会話を広げます。**感性を働かせ、いくつか選択肢を用意してお尋ねする**のが、ふさわしい会話の進め方です。

相手に寄り添う感性を磨く

そして、このようなこともございました。ある日の札幌線、多くのお客様がご搭乗になり、荷物の収納にご協力をお願いしておりました。

すると、黒い洋服をお召しになられた数名の方が着席なさっておりました。表情やお召し物から、ご葬儀のお帰りとお察しします。ふと見ると、そのうちのお一人がお遺骨を持っていらっしゃいました。

大事なお遺骨ですが、安全に乗機していただくためには、手でお持ちいただくことはできません。荷物収納棚に入れていただく必要があります。

あなたなら、この状況を見て、どのようなお声掛けをするでしょうか？

もちろん、「お客様、まもなく離陸でございます。大変恐れ入りますが、お荷物を前の座席の下、あるには座席の上に収納させていただいてよろしいでしょうか」とお声掛けしても間違いではないのですが、はたして快く収納してくださるでしょうか？

このような状況でこそ、感性をフルに発揮したいところです。例えば、私ならこのようにお声掛けします。

「お客様、ご搭乗ありがとうございます。大変申し訳ございません。こちらのお客様は離陸と着陸の際は座席の上でお休みいただきたいのですが、ご協力いただけますでしょうか」

この言葉と共に、「申し訳ない」という心からの表情をもって伝える。これこそ感性を活かした伝え方です。

お客様は一瞬、お遺骨をお客様と表現したことに唖然とします。でも、きっと気持ちを察してくださり、「ありがとうございます。その優しさに感謝いたします」と言ってくださるでしょう。心を揺さぶるコミュニケーションに必要なのは、相手の気持ちに寄り添う感性です。

6 心の引き出しを増やす

ホテルでもたくさんの心温まる出会いがたくさんございました。既にお話ししたように、はじめはとても大変でした。いきなりコンシェルジュを務め、知らないことばかりの自分が本当に情けなくなりました。ホテルのことがわからないのは当然ですが、東京に住んでいながら、東京のことすら何も知らなかったのです。

例えば、ご旅行中の皆様は浅草のことについてお尋ねになります。浅草寺はもちろん知っておりますが、いつ建立されたのか、どのような由緒のあるお寺なのか、どのように参拝すればいいのか。

また、谷中《やなか》のこと、歌舞伎のこと、相撲のこと、京都・奈良の旅行スケジュール、はとバス、あるとあらゆることに対応しなければいけないのがコンシェルジュです。

谷中と言えば、ほおづき市くらいの知識しかなく、お恥ずかしいことに行ったこともありませんでした。そこで休日に、先輩と地図を広げながら谷中銀座、七福神を訪ねたりもしました。

さらに勉強したのが歌舞伎です。歌舞伎や能などの古典芸能は、お恥ずかしながらなじみがありませんでしたが、外国からのお客様によく聞かれるのです。「歌舞伎の演目でおすすめは何?」など、内容を説明してほしいというご要望もあるのです。

私は必死に歌舞伎座に通い、イヤホンガイドを借りてメモを取って、英語に訳したりしていました。

お客様の笑顔のために最後まであきらめない

相撲観戦ではなるほど、と思ったことがありました。外国の方は一年中、相撲観戦ができると思われている方が多いようです。

あるとき、コンシェルジュデスクに外国の方がお越しになり、「明後日、相撲観戦がしたいのでチケットを取ってほしい」とのご依頼でした。

「8月は相撲はやってないはず、名古屋場所は7月だったかも……」と、ネットでお調べすると、やはり、今は巡業中。「お客様、大変申し訳ございませんが、この時期は本場所はなく、北海道巡業中です。お相撲さんはほとんどいらっしゃらないとは思いますが、相撲部屋を見学することはできます」と説明したところ、とても残念な表情をなさいました。

しかし、これで終わったら、接遇とは言えません。幸いにも、近くに相撲部屋がありましたので、交渉すればなんとかなるかもしれません。

「お客様、もしよろしければ、近くに両国がございます。そこには多くの相撲部屋がございます。お相撲さんとちゃんこを召し上がっていただくことはできるかもしれません。少しお時間をいただいてもよろしいですか?」とお伝えし、いったんお待ちいただくことにしました。

そしてなんとか、ご協力いただける相撲部屋を探し、無事にご案内することができると、お客様は「ラッキー、ハッピー、サンキュー！」と、それはそれは喜んでくださいました。

相撲部屋では、お相撲さんと相撲を取り、初めての体験でおつらいでしょうに、正座をしてちゃんこを食べ、こんなにおいしくヘルシーな食べ物はないと絶賛していらっしゃいました。

お客様がお帰りになる日、コンシェルジュデスクにお立ち寄りくださり、「あなたは私たちのために素晴らしい時間を提供してくださいました。心から感謝します。これは順子にプレゼント」と、熱いキスと共に写真立てをくださいました。写真はもちろん、相撲部屋での記念写真です。

お客様のこの笑顔が見たいと思ったら、「NO」と言わなければいけないものはない。「何でもできる」「何とかできる」と思った一日でした。

7

いつ、どのようなときでも、堂々と！

急に依頼され、「一言、お話しいただけますか」なんて言われた経験はありませんか？　上の立場になればなるほど、急にそのような場面が増えるものです。

今ではまるで想像できませんが、私も人前で話をすることはとても苦手でした。手が震え、顔は赤くなり、頭は真っ白にもなり、しまいには声が震えて心臓がドキドキして到底、上手に話すことはできませんでした。実は、どちらかというと人に隠れて、大勢の前で話すことは控えていたいタイプでした。

しかし、場を踏むにつれ、人前で話すことに慣れたのは入社して3年目。チーフパーサーとして班を持つようになった頃からでした。

チーフパーサーは毎フライト違うメンバーをまとめ、仕事をするのが当たり前。初対面の人をマネジメントすることもざらにありました。

いかに自分の考えを理解してもらい、チームとして個々人の能力を最大限に発揮してもらうかが、チーフパーサーの力の発揮どころです。出発前の打ち合わせであるブリーフィングのデスクに来るまでの雰囲気や、その場に立った際の第一印象と第一声がとにかく重要でした。

チーフパーサーとして、本日のフライトをどのようにしたいのか、何を目標としているのかを自分の言葉で明確に伝え、そのためにはＣＡ一人ひとりの力が必要であることを短時間で端的に伝えなければ、一体感が持てないわけです。

最初は緊張して、確認すべきことのみで終わってしまい、それどころか言わなくてはいけないことを忘れたり、質問されたことに答えられなかったり、穴があったら入りたいという恥ずかしい失敗も多く経験しました。

原稿丸読みはNG！

人前で話すことは、場慣れすればうまくなっていくものです。

しかし、もし、あなたが人をまとめる立場でいらしたら、「この人についていけば大丈夫」と思わせる話し方を身につけましょう。

そのためには、とにかく堂々とすること。

私自身、場数を踏むことにより、相手の心理も考えながら、説得力ある話が堂々とできるようになったのは、10名弱の班員ではありますが、班長になり、毎月の班会で班をまとめる立場になったときでした。

班長は会社の方針を理解し、目標達成のために今、何を一人ひとりが行なうべきか、あるいは新サービスに込めた思いなどを多岐にわたって話をしなければなりませんでした。

そこで学んだのは、何事も人に話すのであれば、まずは自分がしっかりと理解する必要があるということ。次に、受け手である相手の心理を考え、自分の考えを伝えることです。

重要なポイントは、**原稿は読まない**ということです。

話をする人がいきなり原稿を取り出して、そのまま丸読み出したら、どうでしょうか。おそらく、その人の話は半分も頭に残らないでしょうし、「よし、やるぞ」という気持ちにならないのではないでしょうか。

どのような場面でも、多少、自信がなくとも、皆さんの目を見て、熱意を込めて話をしてください。心が伝わり、仲間はさらに仲間に伝えてくれます。「もっと理解して頑張ります」「すみません、質問がありますが、よろしいでしょうか」などと、行動に移すための一言を伝えてくれます。

伝えたいと思う熱意こそ、人を動かします。ですから、堂々と伝わる話ができるよう、場を踏み、**自分の言葉で話す**ことにチャレンジしてください。

8

LIVE COMMUNICATIONでチームを動かす

私は研修講師として多くの企業にお伺いし、ビジネスマナーやコミュニケーションスキル、チームビルディングなどの研修をしておりますが、今、一番課題と感じているのはチームビルディングです。組織の一員であることの意識不足が企業の発展を閉ざしているようにも感じます。

どのような研修でも必ず確認していることは、「ご自分の職場、組織は相手を思う気持ちを大切になさっていますか？」ということです。

顧客満足を高めようとするのであれば、仲間に対してもお客様同様に接遇意識を持つことが重要です。

「**従業員満足度なくして顧客満足はありえない**」と思いませんか？　仲間が仲間を大切にするから心に余裕ができ、お客様に笑顔が向けられ、たくさんの気づきを持つことができるのです。

私がANAに入社して2年目、今でも忘れられないある出来事がありました。

CAの勤務は1日に3～4便のフライトです。満席のフライトが続くなか、最後の便も満席でした。それはありがたいことなのですが、疲れていたのでしょう。ついつい「また、満席なの」と、つぶやいてしまったのです。

それを聞いていた先輩が、いきなり怒り出し、何とも言えない声のトーンと険しい表情で、「飯塚さん、今、何て言いましたか？　少し時間をください。ギャレー（機内にある台所）に来て！」と仰ったのです。

おそるおそる先輩のところに行きますと、先輩はこのように仰いました。

「飯塚さん、この路線の1席の料金がいくらかわかりますか？　あなたは先程、『また、満席』と言いましたね。この1席を販売するために、他部署の皆さんがどんなに頑張ってくださっているか考えたことはありますか？

目の前にお客様がいらっしゃるということは、営業の方、旅客係員の方、整備の方、皆さんが一丸になり、一生懸命に対応してくださったから、私たちは仕事ができるのです。最後のバトンですよ。丁寧に受け取らなくてどうするの？」

私はそれまで、当たり前のようにお客様がいらっしゃると思っていた自分の甘さに腹立だしくなりました。そして、社員一人ひとりの思いというバトンをきちんと受け止めて、私たちは**最後のアンカーとして感謝の気持ちで仕事をしなければならない**のだと、強く思いました。

その経験から、私はチーフパーサーとして、飛行機のドアを閉める際には必ず「皆さんの大事なバトンを受け取りました。責任を持ち、安全と最高のサービスをいたします」と、心の中でつぶやきながら、ドア操作係員の方に「行ってきます」と、満面の笑顔で、心を込めた一礼をして出発するようにしています。

皆様も飛行機に乗る機会がありましたら、私たちＣＡがバトンを受ける瞬間、バトンを渡す瞬間をご覧になってください。私たちの姿勢が見えると思います。

相手を思う気持ちはお客様に対してだけではありません。同じ志の仲間がいるからこそ、自分がここにいるという思いを、皆さんも忘れないでください。

おもてなしの心は組織をも動かす

ホテルのコンシェルジュ時代の話です。ありがたいことに、朝から夜遅くまでVIPのお客様をレストランや宴会場までご案内させていただく日々でした。

ある日、大きな宴会があり、開宴の2時間前からドアマンと念入りな打ち合わせをして、玄関付近で準備やご案内の段取りを確認しておりました。

しばらくすると、「ポタッ、ポタッ」。何だろうと見上げると、なんと天井から水滴が垂れてくるではないですか。

これは大変と、アシスタントマネージャーに連絡をしているうちに、大きな天井のあちらこちらから、今度は小雨のように水が降ってきます。私はあわててバケツを取りに行きました。

再度アシスタントマネージャーに「緊急コール。バケツを用意願う」と連絡している横から、「バシャーン、バシャバシャ！」。天井からの水漏れは、もう滝状態になっています。

私はバケツでの水汲みから、各部署への連絡、お客様への誘導とお詫びなど、夢中で動き回っていました。幸いにもお客様の出入りがあまり多くはなく、ご迷惑をかけることもなく違う入り口をご案内することができました。

なりふりかまわず駆け回っていると、「飯塚さん、手伝います」「飯塚さん、バケツ！」「飯塚さん、皆への連絡はＯＫです」と、たくさんの声が聞こえるではないですか。

「はっ」と、顔を上げると、数十名という大勢の仲間の輪。フロント、ベルサービスはもちろん、レストランサービス、調理、バック部門の仲間が、瞬時にこの前代未聞の緊急事態を察して集まり、手分けをして対応していたのです。

その人数の多さと一生懸命に連携プレーで対応している姿に胸が熱くなり、このホテルはお客様に選ばれるホテルになれると確信しました。

お客様に迷惑をかけられない、というおもてなしの気持ちはお客様にも伝わり、「大変ですが、頑張って」と、お詫びをする前に応援してくださる声、外国人のお客様からは、「ここで華厳の滝が見られるとはラッキーだね」というジョークまで。

私の張り詰めていた心は一気に溶け始めておりました。

「すべてはお客様のために」という精神が軸にあるからこそ、なんとかしたいという思いが、一体感まで生み出します。**強固な組織こそ感動を与えられる**のではないかと、改めて感じることができた瞬間でした。

3章

心が伝わる会話力

1

「誰もが自分が一番」だと心得る

「自分より相手のことを第一に考え、行動します」なんてよく言いますが、「本当に？」と私は首をかしげてしまいます。

例えば、旅行で撮影した記念写真が、後日、手元に写真が届きました。さて、あなたは誰から探しますか？　ご家族でしょうか？　きっと、まずは「私はどこ？　きれいに写っているかしら？」と心の中でつぶやきながら、自分を真っ先に探しているはずです。

私も同様の体験をしたばかりです。先日、大勢でセブ島へ旅行に行ったときのこと。広大な海に真っ青な空の下、私たちはたくさんの写真を撮りました。帰国後、お互いの写真をネット上でシェアしたのですが、数多くアップされた写真を見ながら、皆が一同につぶやきます。「私ったら、変な顔してる。もう少し体を斜めにすればよかった」「あれ、私、目をつぶっちゃってる」などなど。

そうなんです。皆、即座に自分を探すのです。

誰もが「相手のことを」と言いながらも、実は自分が一番なのです。ですから、**あえて他人に目を向け、心を向ける**ことが大切です。そうでなければ気配り・心配りに必要な「気づく力」は手に入りません。

相手に関心を持たなければ、気づく力は磨かれない

相手に関心を持つことにより得られるのが「気づき」です。

それは「髪型が変わった」「室温が少し低いのでは」など、ほんの小さなことで構いません。

もし、あなたでしたら、この気づきに対してどのような声掛けをしますか？
「髪型を変えたでしょ。似合うね」「お寒いでしょうか？　室温を上げましょうか」など、あなたが観察して感じたことを伝えれば、それが正解です。
「え、髪型は変えてないけど」「私にはちょうどいい温度だけど」などと言われたとしても、失敗とは思わないでください。

自分に気づいて声をかけてくれた。自分に関心を持ってくれている。それが伝わるだけで、相手の心は動きます。

何かうまく話さなければとか、敬語を使わなくてはとか、先に難しく考えてしまうから、心を伝えることもできず、コミュニケーションも取れなくなるのです。とてももったいないことです。

なにしろ、相手は自分のことを第一に考えているのです。ごくごく自然に、気づいたことを伝えてみてください。

私自身、人間観察が好きだからかもしれませんが、友人がヘアスタイルを変えたのを見つけるのが得意で、「新しい髪型、似合うね」などと言うことが多いのです。すると、必ず「何でわかったの？　少し短くしてみたの、どうかしら」と、とてもうれしそうな表情をしてくれます。

相手に喜ばれる、相手の笑顔がたくさん見られることは、自分も同じようにうれしく温かい気持ちになります。

こうしたことが、さらに小さな気づきとなり、気づく力が磨かれていきます。

関心がなければ見逃してしまう

セブ島での旅行でのお話をもうひとつお伝えしましょう。

私たちは船に乗り、無人島へ行くことにしました。乗船中は笑顔で楽しんでいる人、遠くを見つめて何か考えている人、緊張のあまりやや青ざめている人など、さまざまです。

船員の方たちは手際良く、無人島についてからも手を止めることなく仕事をなさっていました。

驚いたことに、船長みずからがお客様にマッサージのサービスをしているではないですか。

とてもお上手なので、お尋ねすると、前職はホテルのスパでマッサージをしていたということでした。滅多にないサービスに驚いているとき、心を動かす場面に出会いました。マッサージしている船長が、「あの方に灰皿を」「あの方には次にマッサージを」と、さりげなく指示を出したのです。

普通はひとつのことに集中しがちですが、マッサージをしながらも周囲に目を向け、目配り・心配り。相手に関心がなければ、ちょっとしたことは見逃してしまいます。船長の期待以上の接遇力は、その場にいる皆が絶賛していました。

「素晴らしいサービスですね」と声をかけると、「喜んでもらえるとうれしいしから」と、素直な返答が返ってきました。

相手への関心が気づきを生み、会話や行動となって表われ、相手の心を揺さぶります。船長のお客様への関心を途切らせない接遇は、まさに、「まさか」の感動でした。

2

一にも二にも「聴く」こと

コミュニケーションを成立させるポイントは、話し手ではなく「聴き手」にあります。話していて、聴き手がしっかり聴いてくれたら、ワクワクしてもっと話したいと思うものです。

相手がうれしくなる聴き方の要素は何でしょうか？

①相手に向き合い、アイコンタクトを取る、②表情を豊かに、③うなずく、④相づちを打つ、⑤共感を言葉や態度に出す、⑥最後までしっかり聴く

話すよりも聴くこと。「聴き上手」「質問力」という言葉もあるように、日々コミュニケーションをしていると自分では思っていても、実際はできていないというのが現状です。話を聴くということは難しいのです。

私は今、病院の接遇研修もしておりますが、まず医師の皆様にお伝えするのは、患者様の話を聴く姿勢の重要性です。医療はサービスと言われるようになって20年以上経ちますが、まだまだ「患者様」という言葉が先行して、サービス意識が伴っていない病院が多いのではないでしょうか？

聴いてもらうだけで安心できる特効薬

実際に私が人間ドックを受診したときのこと。最後の結果報告の際に、担当の先生は最初から最後までレントゲン写真とパソコンばかり見て、私が質問をしても、私が先生の話に答えているときも、一切、私を見ずに、最後に「では、また、1年後に」

と、仰っただけでした。

「何これ？」と思い、怒るよりあまりにもおかしくて、心の中で「私はここにいますよ」と、思いっきりつぶやいておりました。


一方、違う病院では素晴らしい先生との出会いもありました。数字や画像を間違えてはいけませんので、しっかり結果資料やレントゲンに目を向けていながらも、質問をすれば目を見て答えてくださいます。しかも、わかりやすい言葉を使って、最後には私のほうに体の向きを変え、「検査結果も問題ありませんよ、よかったですね。ではまた、1年後にお会いしましょう」と、にっこり笑ってくださったのです。

私はすっかり安堵し、「ありがとうございました」と、心からお礼を伝えました。

感じの良い聴き方ひとつで、患者は安心できるものです。一にも二にも相手の話を聴く、という大切さを実感した出来事でした。

3

「伝える」から「伝わる」話し方へ

先日、電車の中で雑誌の広告を見ていたら、見出しに「伝える話のテクニックが組織を変える」と大きく書かれておりました。残念ながら「その通り」とは思わず、少し違和感を感じたのです。

私でしたら、その後にこう続けます。「〝伝わる〟話こそ組織を変える」。

「伝える」というのはテクニックであり、技法です。また、「伝える」は自分軸であり一方的ですが、**「伝わる」は相手軸で双方向のコミュニケーション**です。

相手がしっかりと内容を受け止め、行動につなげる原動力となるかどうかが重要です。それには「伝わる」話し方をしなくてはなりません。

なぜ、このようなお話をするのかというと、自己満足な話し方で伝わったと勘違いしている人が意外にいらっしゃるからです。

相手におかまいなしに話をしていると、専門用語で難しかったり、スピードが速かったり、間がなくて内容がよくわからない……といったことになります。きっと皆様もご経験があるはずです。

自分の話をなんとか理解してもらいたいと思うのであれば、伝えたい気持ちを相手に伝わる技に乗せて話すことを心がけてください。

気づいたことは「表情」「態度」「言葉」で伝える

皆様、ご存じでしょうか。情報の伝達は、言語（言葉）より非言語（ビジュアル、ボーカル）のほうがほとんどを占めているということを。

話す内容よりも生き生きとした表情、アイコンタクト、はつらつとした態度、聞きやすい声の大きさやスピードが大事なのです。

日本人は外国人に比べ、自身の印象などあまり意識する機会がありませんから、講演に行っても愕然とする場面が多くあります。

原稿だけを見て話す、聴衆も聞く耳を持たない、だから伝わらない。あるいは、動きが多くて気になる、だから何を話したのかが頭に残らない。

多少緊張もしますから仕方がないとは思いますが、自分本意で話している「一方的トーク」で満足している講師の方を見ると、残念だなあと思います。

一方、覚えていらっしゃるでしょうか、東京オリンピック招致委員会のスピーチは記憶に残るものでしたね。どなたも「この素晴らしい東京でオリンピックを」と、熱意を込めて話されていました。滝川クリステルさんの「おもてなし」など、わかりやすいボディランゲージがとても印象的で話題になりました。

コミュニケーションは言葉だけではない

少し離れている人に何かをお願いしなくてはならないとき、あなたはどのようなアクションを相手にしますか?

「お願い」という表情で、手を合わせて、一生懸命に伝えようとしませんか。ボディランゲージを使いながら、伝える努力をするものです。

よく成田空港で、このような光景を見ました。

到着する人をお迎えに来ている人が、到着した人の姿が見えた途端、両手を上げて、思いっきり手を振っている姿、皆様も見かけたことがありませんか。「ここよ、ここ。お帰りなさい!」と、表情も大きく、目を開け、満面の笑顔で、心の声が聞こえてくるようです。

そして、税関申告を終えてガラスの扉が開き、外に出てくると、お互いに何も言わずに、涙を流しながら何度も抱き合っている姿、肩をゆっくりポンポンと叩いて労っている姿、「お帰り、会いたかった」「よく頑張ったね、お疲れ様」など、心の会話が体全体で感じられる場面ではないでしょうか？

このような場面は、日常でもたくさんあります。

上司に用事があってデスクに目を向けると、上司が腕を組み、やや険しい表情をしています。

「今はやめておこうかな」と、一瞬にして「話しかけにくい」「近寄りがたい」と判断しているのではないでしょうか。

逆に、リラックスした態度であったり、ニコニコ笑顔で周囲の人と話をしている上司を見た瞬間、ホッとして、自然に上司のところへ向かっているではありませんか。

実際、私がそうでした。不思議なものです。相手が言葉を発していないのに相手を診て（診断しているのです）、判断している。

それは、相手が「来ないで」というオーラ、あるいは「来ていいよ」というオーラを体で発しているからです。言葉は発していなくとも、態度や表情で相手の心を感じてしまうということです。

コミュニケーションは言葉でのやり取りと思われがちですが、実は**言葉以外の態度や表情が伝える要素として大きい**のです。

相手が1人でも100人でも同じ

私は講演を通して100人、200人の方に物事を伝えるという機会を与えていただいております。テーマは「CS向上につなげる接遇」や「強い組織をつくる原点」など、相手の心を動かさなくてはならない内容が少なくありません。

私は、講演では、**相手がどんなに大勢であっても1対1のキャッチボール**をしながら話を進めます。その代わり、いつもより表情やボディランゲージを意識し、よりオーバーアクションで話をします。

視線は2階席（上段席）にこそ向けるようにしています。そして、決して演台にじっとしていることはありません。右に左に歩きながら、時には、1階席の後方まで行きながら、一人ひとりにアイコンタクトをする意識で語りかけます。距離が近くない人もいるということを想定すべきですから、表情や動き、ビジュアルを意識するということです。

お互いの表情がよくわからない状況では、話の理解度も変わってきます。大勢の方にお話をするときなどは特に、**一人ひとりと対話をする**という意識を忘れないでください。いかなる場面でも、あなたの心は伝わるはずです。

私の講演でも、「感動しました」と涙を流してくださる方がいらっしゃいます。そんなとき、一人ひとりの「あなた」に語りかけたから、心が伝わったのだと思うのです。

4

きちんと「褒める」ことこそ最大の武器

一昔前は、相手の良いことよりもマイナスの面ばかりに目を向け、褒めることよりも叱るという行為が多かったものです。私もマイナスのことばかり言われてしまうから、つい「お客様のために」という意識より、「先輩に叱られないよう余計なことはしない」と、どちらかというと先輩の顔色を見ながら仕事をしていました。

しかし、時代と共に育て方も変わり、今はもっと気になる傾向があります。**相手に何も言えない**状況です。

私は研修講師のご依頼をいただくと、必ず打ち合わせにお伺いし、現場を何カ所か拝見させていただき、組織の課題をつかむことにしています。

ご要望として多いのが、「細かいことでも気づいたことは、何でも厳しく言ってください」と、仰られることです。なかには「こんなことも言えないの?」と、思うこともしばしばです。

おそらく、これまで悪いことは悪いと叱られずに育てられてきた人が社会人になり、社会に出て初めて叱られるという場面に遭遇する時代なのでしょう。だから、叱られたことをどう受け止めていいのかわからず、改善しようという気持ちよりも、言われたことに傷つき、対処ができずに辞めてしまう――といった事態になっているのです。

会社としては当然、辞められては困るので、叱りたくてもぐっと堪え、なかなか厳しいことが言えないというのが、現状です。

でも、はたして、厳しいことを言うから新人は辞めてしまうのでしょうか?

当然、注意を受けたことが原因で辞めてしまうケースもあるかもしれませんが、私は厳しいことを言ったからではなく、早い段階からお互いに人間関係を構築しようとしていなかったことが大きいと思っています。日頃のコミュニケーションが少ないうえに、相手を「認める」「褒める」という大事なコミュニケーションをしていなかったからです。

普段から、相手を知るという機会を持たず、心を通わせることもできないので、なかなか叱れないのではないか、と私は考えています。

褒め方にもコツがある

皆さんは人から褒められたとき、どのような気持ちになりますか？

素直にうれしい、元気が出た、恥ずかしいけれど頑張ろうという気持ちになった、新たな発見ができた、見てくれていてうれしいと感じた――。そんな気持ちになるのではないでしょうか？

ANAが人を育てるうえで大事にしていることは、「指導」することではなく、相手も自分も成長する「共育」という考え方です。そこでポイントとなるのが、「褒め方」でした。
具体的には、**「事実を明確に褒める」**ことです。

私は入社当時は優柔不断で、どちらかというと劣等生でした。最初の数年間は、何度も辞めようと思ったものです。

そんな私をやる気にさせてくれたのは、身近にいて私の仕事ぶりを見てくれていた上司と同僚でした。できない私に厳しいことも言ってくれましたが、それ以上に私という人間をとことん見てくださり、どうすれば成長させることができるのかを真剣に考え、いろいろなチャンスを与えてくださいました。「褒めて、叱って、また、褒めて、必ずチャンスを与える」、そんな育て方をしてくださいました。

「いつも笑顔でこちらまで笑顔になるわ」
「昨日は遅くまで、レポート作成お疲れ様でした。お客様の様子がよくわかり、助かりました」

こんなふうに、小さなことでも感謝や労いの言葉を伝えてくれ、とにかく、気づいたら声をかけてくださいました。私でも役に立てているということがとにかくうれしくて、そのたびにやってよかった、次はこのようにしてみようと、どんどん頑張ろうと、意欲が湧いてくるのです。

相手を成長させたい、組織力を高めたいと思うのであれば、褒めることです。褒めてくれる、励ましてくれる、親しみを込めて話をしてくれる上司に叱られても、決して嫌だと思わないはずです。かえって頑張ろうという気持ちになるのではないでしょうか？

自分のことを常に見てくれている人から言われたことだから、素直に心が受け止めるのです。

人を育てるには、相手を観察すること。気づいたことは褒めることから伝えること。そして、厳しいことも躊躇せず、伝えることです。

大事なのは日頃からのコミュニケーションです。相手との距離を縮めるためには、褒めるという「心の栄養剤」をたくさんプレゼントしましょう。「**3つ褒めて1つ叱る**」という気持ちで、相手をやる気、本気を引き出してあげましょう。

5

日常会話の質を高める「先読み力」

ＣＡは毎日同じ路線をフライトしているわけではありませんので、お客様との出会いは一期一会、瞬間瞬間が勝負でした。フライト中は、気づいたら、とにかくすぐにお相手が心地よいと思っていただけるよう、瞬時に相手の心を見極め、的確な言葉で会話をすることが必要とされていました。

そのような会話力は、何か特別な訓練や才能ではなく、**常日頃の会話を意識する**ことで身につきます。日常会話の質を高めることで、とっさに気づく力や臨機応変な対応力が自然と磨かれていくはずです。

例えば、あなたがお店の店員だったとします。来店したお客様が商品の包装を待っているとき、「明日は晴れるかしら」と仰いました。さて、あなたはどのような会話をしますか？

「明日は晴れると思います」
「天気予報では晴れの予報でしたね」

もちろん、これでも構いませんが、私でしたら「明日はどちらかにお出かけですか？」と、お聞きします。「晴れるかしら」の意図は何だろう？　と考えるわけです。

天気が気になることがあるから、お客様はわざわざつぶやくのです。旅行に行くとか、孫が遊びに来るとか、待ち遠しいことがあるのだなと、想像してお答えすることで会話が発展します。

「そうなの。明日ね、孫が久しぶりに来るのよ」と、にこやかにうれしそうにお話しなさるかもしれません。すると、「○○に行かれてはいかがですか？　お天気が良いことを、私もお祈りしています」と会話が弾み、心が伝わる場面となるわけです。

会話の質を上げるには、相手の心理を読んで、先読みの会話をすることです。

誰しも目は2つ、耳も2つしかありません。さらに「心のアンテナ」を張り巡らせて、「気づき」をキャッチすることです。

「演出力」で日常会話の質をさらに高める

ホテルに勤務していたときには、毎日お会いするリピーターの方も多く、会話の質を高めないと接遇にはならないという状況でした。

そんななか、心地よさを感じていただき、ここを選んで本当によかったと思っていただくためには、「相手を知る」ということがとても重要でした。

私がホテルのコンシェルジュでエグゼクティブラウンジを担当していた頃、著名な顧客のお客様のご利用が多くございました。ホテルの隣にはサントリーホールがありますし、近くには国会議事堂もありましたから、演奏家の方や、議員の先生方などもよくいらっしゃいました。

あるマエストロは体調管理のため、クーラーの送風や音が嫌い。朝食のパンにつけるジャムはマーマレードとアプリコットと決まっている。また、ある方はバーでの席やお飲みになるカクテル、おつまみも決まっている。さまざまなお客様がいらっしゃいました。

そのようなお客様の情報は、リストに残してホテルのスタッフで共有しています。当日の宿泊リストを確認し、情報リストをあらかじめ用意しておくわけです。

いらっしゃる時間等も把握していますので、ホテルに到着なさるや否や、例えば先程のマエストロのお客様が朝食を取りにラウンジにいらっしゃった場合は、他のお客様に「お風邪を召されている方がいらっしゃいますので少し温度を上げさせていただいてよろしいですか」と、事前にお断りをして止めるわけです。

「クーラーを止めていいですか？」と言うと、「なぜ止めるの？」と思いますし、急に暑く感じるものです。ですから「室温を上げる理由」をお伝えし、対応するのです。理由は、正直に話さなくても、お互いに嫌な思いをしないのであれば、「演出」だと思います。

そして、席に着かれてからマーマレードやバター、飲み物などをお持ちし、最後に必ず「他にご用意する物はございますか？」と、お尋ねします。いつもと同じではないこともあるかもしれないからです。体調が悪く、いつものコーヒーではなく、ミルクを望まれることもあるかもしれません。

相手への関心や気づきがあれば、先読みの行動ができます。もう一歩踏み込んだ、「生きたコミュニケーション」をいたしましょう。

4章

最初の印象で8割が決まる

1

第一印象こそ意識すること

私は、今では「笑顔が本当に素敵ですね」と言っていただけますが、実は中学・高校生くらいまでは決して印象が良いほうではありませんでした。どちらかというと、付き合ってしばらくしてから相手の表情が心持ち柔らかくなり、心から話ができるようになるようなタイプでした。

高校に入学後しばらくしてから、仲の良い同級生からこんなことを言われました。「最初は話しかけにくかったけれど、話してみたら結構面白いから安心したのよ」と過去形でカミングアウトされたのです。

私は大きなショックを受けました。特に引っかかったのは「話しかけにくかった」という言葉です。

「話しかけにくい」ということは、言葉を交わしてもいないのに、最初から拒絶されていたということです。顔つきだけでなく、おそらく態度も横柄で、「近寄らないで」というオーラを出していたのかもしれません。とにかく、第一印象が大変悪かったということです。

CAという仕事を選んだときには、印象の重要性を意識しており、第一印象を意図的に変えていきました。印象を意識するきっかけは、先の同級生の一言の他に、実は母の影響も大きかったのです。

学生の頃から、母は将来の私を懸念していたのかもしれません。「あなたは顔も大人びていて、髪も真っ黒。本当にきつく見えるから、いつも笑顔でいたほうがいいわ。それに髪も染めたらどうかしら?」と、厳しい母が髪の毛を染めることを推奨してきたのです。髪を染めるなんてと驚きましたが、大学生になってから髪を染め、少し柔らかい印象を意識した経験があります。

母が言いたかったのは、「髪の毛を染めなさい」ということではなく、自分の印象が相手にどう受け止められているかを考えることも必要、ということだったのだと思います。

それからは常に「満面の笑みと、第一声は明るく元気に」を心がけ、印象を変えることで、大げさではなく生まれ変わったくらいの効果がありました。

話す前から印象は決まっている

人は話す前から、相手のことを、自分の経験値から「こんな人」と判断しています。最初がマイナスですと、そこからプラスに変えていくのは大変です。やり直しがきかない第一印象こそ、意識をするようにしてください。**「会った瞬間が勝負」**です。

見た目（身だしなみ、所作、表情）で3秒、話して（声、聴覚）10秒。人は印象の8割は見た目の3秒で決めますが、実はその印象の決定打は、会って数秒後に決められているそうです。だから、第一声が重要なのです。

営業パーソンの方であれば、最初の挨拶から名刺交換くらいまでの印象が勝負です。極端に言えば、もうここで、仕事が決まるか決まらないかのほとんどが決まっているのです。

印象が悪いと、いくら商品が良くても、いくら説明が完璧でも、「この人から買いたくないな」「他の人はいないかしら」「他の会社にしよう」などと、お客様は瞬時に感じてしまいます。

とにかく「**見た目が8割**」ということをお忘れなく。あなたの第一印象は、どうですか？

2

好印象を与える4つの鍵

どのような場面でも、**第一印象が良いほどお得**です。

私は採用面接も担当しておりましたが、皆様も経験がありますでしょうか？

グループ採用面接では、数名が面接室に入室し、面接が始まります。長くても10分程度の面接。さて、面接官が評価するのは、どの時点でしょうか？

それは入り口です。たとえ話す内容がどんなに素晴らしい受け答えだったとしても、面接官は、最初の印象が良かった人の声のほうに終始耳を傾けてしまうという傾向があるようです。

だから、面接が始まってからではなく、入室の際の印象が何よりも重要だということとです。入室時のドアの開け方、一礼の仕方、表情、アイコンタクト、姿勢など、ほとんどがこの入室の所作で決まると言っても過言ではありません。「最初良ければすべて良し」なのです。

前項で見た目が8割と申しましたが、第一印象が笑顔なのか、品を感じさせるのか、はつらつとしているのか、あるいはだらしがないのか、元気がないかで、結果は大きく左右されます。

4つの鍵を意識する

今、私は研修講師をしており、毎回、初めて会う方ばかりです。当然、受講生も初めて会う私を、研修が始まる前から「どんな先生なのかな」と、良い意味でも悪い意味でも探っています。

楽しい研修をしてくれる先生、あるいは優しく教えてくれる先生、たくさんの学びを与えてくれる先生だといいなと、それぞれに期待して研修に臨むのです。

ですから、私も気が抜けません。研修場所に着いたら、まず化粧室に行き、身だしなみを整えます。そして、鏡に向かって「ニコッ」と笑顔チェックをして、会場に向かいます。

常に「人から見られている意識」を持っていれば、実際のコミュニケーションが始まる前から、自分に関心を持たせ、惹きつけることができます。

私は研修が始まる前から、どんどん受講生に話しかけ、相手の心に入り込んでからスタートします。信頼関係は早く構築したほうが楽ですからね。

そして、第一声が最も大事。第一声を明るく、笑顔でスタートできれば、「良い研修でした」と言う皆様の晴れ晴れとした笑顔は、この時点でもう5割は獲得できたと言っても過言ではないくらいです。

そのためには時間に余裕を持ち、体調を整えて臨むのはとても大切なことです。皆様もここぞというときこそ、当たり前のことを大切になさってください。

皆さんに意識していただきたい好印象の鍵は、次の4つです。

①満面の笑顔とアイコンタクト

1章でもお話ししたように、笑顔とアイコンタクトは一心同体。バラバラでなく一緒にでしたよね。だから心を伝えられるのです。あえてアイコンタクトを意識してください。「目は口ほどに物を言う」です。目の表情は意識しないとできません。優しい目元を大切になさってください。

②清潔感のある身だしなみ

男女共に判断しやすいのは、身だしなみの「髪型」。清潔感を感じさせ、表情が見える髪型です。前髪が眉や目にかかっている人、いませんか？　男性も多くなっています。見ていてうっとうしいですし、髪を払う、手で髪を触るといった行為がどうしても増えてしまいます。清潔に見えるとは言いがたいでしょう。男性は襟足の髪が長いのも気をつけてください。

また、髪をまとめていても、顔の両サイドの髪だけ残して、長く垂らしている人がいます。「なぜそのようにしているの？」と尋ねたことがありますが、「小顔に見えるんです」との返答。一瞬、「そうか、考えたもんだな」と思いましたが、私はすかさず「お辞儀をしていただけますか」とお願いをするようにしています。

すると案の定、顔を上げたら、(たとえは悪いですが)お化けのように顔の真ん中に黒い束の髪。そして、必ずその後に手で髪を払います。これで印象が良いわけないですよね。

もちろんオフの時間ならお好きなようにしていただいてかまいませんが、ビジネスの場では気をつけるようにしてください。あなたの印象だけでなく、あなたの会社の印象までもがマイナスになってしまいます。

③ メリハリのある立ち居振る舞い

「メリハリのある立ち居振る舞い」って何でしょう。「キビキビとした動き」とも言いますが、逆に言えば、「ダラダラとした動作はしない」ということです。どうしても次の動作に移るときに、動きが流れてしまうことが多いのです。

たとえば、お店などでよく見かけるのですが、お客様をお見送りする際、「ありがとうございました」と、お礼を言いながらお辞儀。お辞儀をして顔を上げる途中から、すぐに横を向いている。メリハリがなく、動きが流れてしまうのです。

きちんと顔を上げ、お辞儀が終了してから次の動作に移すのが正解です。

また、銀行や旅行代理店などで見かけますが、お客様と対面で座ってご説明する状況がありますよね。このようなとき、一番いけないのは、お客様に「どうぞお座りください」と言い、その後、すぐに自分も座ってしまうこと。「失礼いたします」とお客様にお断りをしてから座るのがマナーです。お客様に会釈をきちんとなさってから座ってください。

ほんの1、2秒の違いで印象がまったく変わります。どんなに忙しいときでも一呼吸おいて、「ながら動作」になっていないか時々自問自答しながら、メリハリのある動作を実践していきましょう。

④ 語尾をはっきり話す

はっきり話すということは、大きな声で話すということではありません。スピードを意識して話すことも大切ですが、ここでのポイントは「語尾こそ丁寧に」ということとです。

このようなことでイライラしたことはありませんか？

相手の語尾が尻切れトンボになって聞こえない。語尾が聞こえないから、いったい良いのか悪いのかがわからない。わからないから聞き直す……。感じるのはストレスだけです。それだけで、人は相手の話を聞く耳を持たなくなります。

語尾が聞こえないのはマイナスな印象です。自分では言っているつもりでも、相手には聞こえない場合がありますから、自分の語尾には注目してください。

また、イントネーションにも気をつけてください。語尾が上がるクセ、これもストレスです。お店の販売員などで、語尾が上がるイントネーションで話している人がいますが、「接客」ではなく、どうしても「形だけの作業」に見えてしまいます。

3 人は「本番以外」を重視する

以前、4人のゲストをお迎えしてのパネルディスカッションの聴講に伺った際、どのような方がお話をするのかと、私は始まる前からそわそわして注目をしておりました。すると、ゲストの中には壇上に上がる前から落ち着きのない方や、顔が上向きで表情がなく、自分の巻き髪を触っている女性がいらしたのです。お話の内容も、やはり……という結果でした。

落ち着きのない方は、壇上に上がってもキョロキョロ、話もどこか自信のない受け答え。一方、少し慇懃無礼な感じを受けた女性は、壇上に上がった途端、ニコニコ笑顔で優しい雰囲気を醸し出しており、とてもわかりやすいお話でした。ただ、何もしていないときの表情とのギャップがあり、感じが良いとは思えませんでした。「再度、この方たちの話を聞きに行くか？」と、聞かれましたら、残念ながら「ない」と答えるでしょう。

私たちは、意外なところで人から見られているものです。常にその意識を忘れてはいけません。私たちはＣＡであることを忘れず、たとえ機体が揺れている状況でも、お客様が不安な気持ちにならないよういつも笑顔を意識しております。

ところが、あるお客様が、「君たちは飲み物を渡すときなど、直接サービスをしているときは笑顔が良いけれど、飲み物を注いでいるときや荷物入れを閉めるときは、なんだか真顔で怖いよ。このギャップは直したほうがいいよ」と、素直な気持ちを伝えてくださいました。

お客様の声を聞き、ハッとしました。先ほどの女性パネリストと同じ、「**オンとオフのギャップ**」です。

なるほど、自分たちでは気づかないところで、見られているのです。

感じのいい笑顔も、心からのおもてなしも、「常に」でなければ評価されないということです。特に、素の部分を見てしまったときは、期待を裏切られたとさえ思うかもしれません。

24時間、ブレない自分でいることで、お客様の期待を裏切らない

どのようなときでも、笑顔で安心感を与えるからこそ、「いいね」と評価してくださるのです。東京ディズニーリゾートを運営しているオリエンタルランドでは、期待を裏切らないということを大切にし、ゲスト（お客様）もキャスト（従業員）もハピネスを感じられるよう、常にオンステージにいることを忘れない行動をする教育がなされています。まさしくその通りだと思います。

できる人は**オフのときでも裏切らない行動**を実践しているはずです。

私も、大切な受講生やクライアントの皆様の期待を裏切らないために、24時間、講師である振る舞いを心がけるよう努力しております。

4

意識すべきは「最初」と「最後」

人に与える印象に「良い」という〝タグ付け〟をしたいのであれば、**「最初」と「最後」を丁寧にする**ことです。

具体的には、どんなにバタバタしていても、最初の挨拶と最後の挨拶は中途半端にしないということです。

私は多くの企業様に研修に伺っておりますが、その業種は多岐にわたります。サービス業が多いのですが、なかには、これまで接遇やおもてなしとは関係のなかったような業界まで。今や企業も「お客様に選ばれる時代」なのです。

ある日、弁護士の先生から相談を受けました。

「近頃、私たちも競争が激しくて大変です」

「競争？」と思いながら、お話をお伺いすると、「相手の話も十分にお伺いし、適切な対応をしているはずなのですが、お客様は二度目、三度目には来ていただけないのです。どうしてお客様が続かないのかわからなくて、一度、事務所にお越しいただけますか？」とのお話でした。

実はそのときに、その要因が「ピン」ときたのですが、専門的なことはわからないので、お電話では「どのような応対をなさっているか、見せていただきますね」とだけお伝えし、お話をお伺いに行くことにしました。

事務所は入り口も開放的で、最近リニューアルされたとのこと、それはそれは綺麗で落ち着いた雰囲気でした。

受付にある電話を取り、早速、お伺いした旨をお伝えしようとしたのですが、なかなか出ません。「どうして？　人がいないのかしら」「番号間違えていないよね」と不安になっていると、ようやく「はい」という返事。続けて、「そちらでお待ちくださ い」とのぶっきらぼうな言い方で、電話は切られました。

私はアポを取っているし、ましてや相手からの依頼で来た、ということがわかって の対応であれば、最悪です。

私はなんとか、スタッフの方が来るまで気持ちを落ち着かせて待ちましたが、お客様が二度目はいらっしゃらないというのが、半分はわかったような気がしました。

中に入ると、通常であれば弁護士事務所ですから、個室にご案内されるものでしょうが、今日はスタッフの方がいらっしゃるお部屋を拝見することにしました。案内されてお部屋に入ると、「こんにちは」と挨拶をしてくださったのは数名で、他の方はちらっと見るだけ。あるいは、こちらも振り向かずに電話応対をしています。

難しいお話も多いでしょうから、電話応対の方は私に気づかないとしても、他の方はお客様が見えたらお迎えするべきではないでしょうか。立って挨拶をする、あるいはデスクにいても、気がついたら会釈するのがおもてなしです。私の印象は残念ながら「×」という評価でした。

さらに気づいてしまったのが、電話をしている方の態度です。足を組んで、ペンを回して対応なさっているではありませんか。もちろん、電話なので相手には見えませんが、その態度は、電話であっても話し方で伝わるものです。「心ここに在らず」では、どんなに良い解決策であっても、電話口のお客様には感じが良いとは受け取られません。

さらに気になったのが書類の山、煩雑なデスクです。整理整頓ができていない状況では、お客様に対して即座に明確な回答はできないだろう、とも感じました。

職場の空気は感染します。緊張感のない空気のまま、お客様がお待ちのお部屋に行ったとしたら、残念な結果になることは間違いありません。

特に弁護士事務所は個室での対面型のサービスですから、通常より意識しなければならないのが「印象」です。感じが悪いなと思った人にプライベートのことを話せるでしょうか？

「この人に聞いてほしい」「この人に相談したい」という気持ちでお客様はお越しに

なるのですから、相談される人にふさわしい印象を作らなければいけないということです。

スタッフのお仕事の様子も拝見できたので、先生には「すべてではございませんが、私は原因がわかったような気がします。本日ご一緒に皆様のお仕事ぶりを拝見いたしましたが、先生は何かお気づきになりましたか?」と、お尋ねしました。

すると、先生はしばらくお考えになっておりましたが、「皆をよく見ていないな、きっと」と、一言つぶやかれました。

私は、「先生、お客様に安心してご利用いただき、信頼していただくために今必要なのは、仕事をただこなすことではなく、お客様の心に耳を傾けることです」と、お答えいたしました。

良い印象が安心を与える

昨今、どの業界も競争が激化しています。特に、これまでご紹介でお仕事がもらえていた業種の皆様は、今ここで、企業のソフト面を鍛える必要があるのではないでしょうか。

これからはますます「お客様が選ぶ」時代、企業が選ばれる時代。能力をお持ちの方は山ほどいらっしゃいます。本当の意味で自分自身の力を活かしたいのであれば、もう一度ご自身の印象（表情、態度、言葉遣い）を意識なさってください。良い印象こそが相手に安心を与え、この人に任せようと決断させるのです。

それが入り口です。まずは出会った際の「最初」の挨拶を大切になさってくださ い。この第一印象の良さがあってこそ、「最後」の丁寧な挨拶と心ある一言が生きてくるのです。その印象は、相手の心にずっと残ります。

5

印象に残った一流の人の共通点

さすが、やはり一流の人は違う。そんな思いをさせてくださった方との出会いが、機内でもホテルでもありました。

以下に、その共通点をお伝えしましょう。

①　身だしなみをきちんとなさっている

ＶＩＰの方は、良い素材のお召し物を身分相応に着こなしていらっしゃいますが、それは必ずしも高価な物というわけではありません。趣味志向（嗜好）の価値観はそれぞれにあるかと思いますが、その日にお会いする相手に合わせた、質の良いお召し物を身につけているということです。これは相手を敬うマナーだと思います。

そして、ジャケットのボタンがきちんと留まっているかどうかも気になるポイントです。男性は二つボタンの場合は上のボタン一つ、三つボタンの場合は真ん中だけを留めるのがマナーです。

また例えば、車内ではゆっくり寛ぐため、上着のボタンを外していても、降車時、すぐにボタンを留めて降りられているでしょうか。スマートで素敵な仕草ですよね。

それと、靴はよく磨いてありますか？　一流の方の靴はピカピカに磨かれていきます。「足先まで手入れが行き届いている」ということは、「そのような細部にまで気遣う仕事をします」という暗黙のメッセージです。男性も女性も、靴は特に意識したい身だしなみです。

② 誰にでも挨拶とアイコンタクト

「おはようございます」と挨拶をしますと、必ず笑顔とアイコンタクトで「おはよう」と、返してくださいます。時として、足を止めて挨拶をしてくださることもあります。中途半端なお辞儀しかしない方や、アイコンタクトを取ってくださらない方は、それ相応の方だと、私は思います。

挨拶は相手を選びません。どなたにも、自ら挨拶ができる方というのは、遠くからその光景を見ていても気持ちが良いものです。

③ 一流の方は人の話をしっかり聞く

ＶＩＰの方をご案内する際、あるいはお連れ様をお待ちになっているとき、二人きりになる場面が意外に多くありました。例えば、これから総会であるとか、緊急記者会見であるなど、普段と違う状況でご利用と明らかにわかっている際には、黙って、とにかくスムーズなご案内に徹しますが、普段はこの待ち時間も快適にお過ごしいただくことを意識いたします。

数回、ご利用になると、ほとんどの方が「いつものお客様」になりますから、お客様のほうから話しかけてくださることが多いのです。「今日は宴会が多いんだ」「鉄板焼きのコースは昼もあるの？」など、他愛のないご質問や話が多いのですが、こちらの些細な話でもしっかりと頷きながら、聞いてくださるのが印象的です。そして、一語一語かみしめるようにお話ししてくださいます。

ちなみに、プロトコールマナーとしては、VIPの方の半歩先を歩いてご案内するのが基本ですが、私のように女性ですと、男性の歩幅にはついていけない場合もあります。そのようなとき、気遣いながら歩調を合わせて、相手に恥をかかせない配慮をしてくださいます。

そして、歩いている途中でお知り合いの方からお声をかけられたようなときは、ピタッと歩くのを止め、お相手にきちんと体を向けてご挨拶されます。心を込めて相手に対応する姿勢が、どのような場面でも身についているということです。

④「ありがとう」の言葉を大切になさっている

たとえお客様という立場でも、私たちにもきちんとお礼を言ってくださいます。特に外国のお客様は、習慣ということもあるでしょうが、「ありがとう」をゆっくり丁寧に、心を込めて伝えます。私たち日本人も見習わなくてはいけませんね。

口先だけで言っている人は、アイコンタクトを必ずと言っていいほど取っておりません。しかし、素晴らしいと思う方は、目を見て、丁寧にお礼を言ってくださいます。時には、担当した者の姿が見えないと、探してまでお礼を言ってくださったり、あるいはきちんと伝言を残してくださるほどです。

⑤ ジョークをうまく使いこなす

ホテルでプロトコールをしていたとき、ＶＩＰのお客様がお帰りになるということで玄関までご案内している際、突然、「飛行機って、何であんなに飛ぶんだろうね。小さい頃からパイロットに憧れていてね。ブーンって飛んで、『ラジャー』って言ってみたいね」と、いきなりボディランゲージ。お酒も少々お召し上がりになっていましたが、いつもの毅然としたお姿とは違い、とても身近に感じました。

こうして楽しいお人柄をお見せくださる関係がうれしく、一方で、いつも神経をお使いでいらっしゃるので、たまには発散もしたくなるのだろうなと、ある意味ホッとした場面でもありました。

このようなギャップを見せるのも、その方ならではの温かさを感じさせるメッセージだと思います。素の自分を、時として披露されることで、その方の人間力を確認できるように思います。

⑥最後の挨拶が完璧

一番、私をさすがと思わせたのは、一流の方の挨拶です。ホテルをご利用になられたお客様をお見送りをする際、玄関の外、車寄せまでご案内します。既にお伝えした通り、これが大変難しく、ドアマンとのスムーズな連携プレーが必要です。

お客様が玄関前でお見送りの方とご挨拶を交わし、車に乗車した後、必ず、窓を少し開けて会釈と一言お礼をなさいますが、一流の方は、私たちホテルのスタッフにもさりげなく「今日もありがとう。寒いから風邪をひかないようにね」など、わざわざ窓を開けてご挨拶してくださいます。これは誰もができることではありません。なかには、何も言わずに当たり前のようにさっさとお帰りになる方もいらっしゃいます。

私たちはたくさんのＶＩＰのお客様に接していますから、つい比較ができてしまうのです。「ちょっとしたマナーでも、一流の方はやっぱりすごいよね」とドアマンと話題になることがたびたびありました。

さりげなく好印象を残すことの効果を心得ている方だからこそできる、最後の挨拶かもしれません。

6

「ありがとう」は大きな印象を残す魔法の言葉

前項の④でも述べましたが、「ありがとう」という言葉がもたらす印象は大きなものです。私自身、一番、大切にしている言葉でもありますし、誰もが大事にしていると言います。

でも、はたしてあなたは1日に何回「ありがとう」と言っているでしょうか？

あるとき、このような質問を受けました。「勇ましい高尚なる生涯」という言葉をどのように捉えるか？　という内容でした。偉業を成し遂げた人、他人のために貢献してきた人、自らが果敢に挑戦し、実績を残してきた人……すべてが素晴らしいことだと思います。

私は、「身近なことであるがゆえに、継続が難しいことを実践し続けた人」こそ、高尚に値する人と考えております。その具体例が、**いつでも、誰にでもきちんと「ありがとう」が言える人**です。困難なときでも、その場から逃げることなく、心を込めて「ありがとう」と感謝できる人こそ強いし、気高いのではないでしょうか。

私は、機内でも、ホテルでも、多くのVIPの方とお会いしましたが、どの方にも共通しているのが、どのようなときでも、自然に「ありがとう」を仰ってくださることです。お部屋にご案内したら、立ち止まって「ありがとう」。車に乗車したら、窓を開け一礼をしながら「ありがとう」。そっと靴を揃えると、「いつもありがとう」。

一流の方は、どのような立場になろうとも、感謝の気持ちを伝えることを忘れません。その「ありがとう」の一言で心が温かくなり、「また、ぜひお会いしたいです」という気持ちになります。

私がホテルに出向したときは、初めてのことばかりでしたが、CAとしてサービス業に携わってきた経験から、「できて当たり前だよね」「何ができるのかしら」という悲しい言葉も耳にし、行き場がない気持ちになったこともあります。

そんなとき、心の支えになったのが当時のANAの社長や、私にこの経験を与えてくださった客室本部長でした。

私の心を察していらしたのかわかりませんが、ホテルでお会いすると必ず、「遅くまでありがとう」「あなたを送り出してよかった。ありがとう」と声をかけてくださいました。「頑張れよ」ではなく、感謝の気持ちをメッセージとして伝えてくださる。どんなに励みになったことか、わかりません。

そのとき、「ありがとう」という言葉の重みと相手の心や人生までも変えてしまう素晴らしい言葉だということに気づきました。

当たり前のことを当たり前にやる

「ありがとう」を漢字で書くと、「有難う」となります。

有り難し。つまり、この世にあるのが難しいということではないでしょうか。私の成長のために、この困難を与えてくださり「ありがとう」ということです。

私は両親から「ありがとう」という言葉をたくさんもらって育てられました。躾だったのかもしれませんが、必ず最後に「ありがとう」をどの言葉よりも心に響くように大きな声で言うのです。ベランダに出て両手を広げて、「良い天気だわ、ありがとう」「おいしいね、ありがとう」。

2011年、私は数カ月の間に両親を亡くしました。不思議なことに、亡くなってから、それまで気づかなかった両親の思いや愛情を感じることがあります。先日も、「あなたのご両親は感謝の気持ちを忘れない方たちでしたね」と、うれしい言葉をいただいたばかりです。両親の最期の言葉も「ありがとう」でした。人に感謝し、感謝される。生きていくための大事な言葉のプレゼントをもらったように思います。

感謝の気持ちを伝えることは当たり前だと頭で理解していても、実際に言動に表わしていない人も少なくありません。「よく頑張りました」「応援していますよ」という心の花束を、相手にも、そして自分にも言葉で伝えていきましょう。特別なことではなく、当たり前のことを当たり前に行ない、継続し続ける人こそ、素晴らしい生き方をしている方であり、相手の心に残っていくはずです。

5章

VIPに選ばれる人が実践している行動習慣

1

とにかく行動してみる

私はこれまで、多くのＶＩＰのお客様と接する機会に恵まれました。特にホテルでは、プロトコールという仕事から、お客様の身近なところで、お一人おひとりの真の姿にも触れることができ、人生のヒントをたくさんいただきました。

５章では、そんな人生の先輩方から得た、ＶＩＰに選ばれる人が実践している行動習慣をご紹介します。

私に良い影響を与えてくださった諸先輩の共通点は、とにかく明るく元気で、前向き、年齢関係なく好奇心旺盛であること。そして何よりも、行動力があることです。

ミーティングで「それ、良い提案ですね」となったら、もう目の前にはいない。すぐに関連部署に行って話をしているのです。

のんびりしていたらチャンスや幸運は逃げてしまいます。とにかく良いと思ったら自分を信じてすぐに行動する諸先輩の頼もしさは、私に大きな影響を与えました。

私が退職後、両親を亡くし、何をすべきか自分を見失っているときも、ある先輩から「少しでも早く仕事はしたほうがいいけれど、焦らなくていいですよ。でも、チャンスはどこにあるかわからないから、どんな仕事でもまずは断らないことが大事。笑顔で接していれば、チャンスはやってくるから、あなたらしく前を向きなさい」と叱咤激励されました。

当時は自分の経験を活かせる仕事があるだろうと、かなり甘く見ていた私でしたが、当然、理想の仕事にはなかなか出会えませんでした。この先どうしたらいいのか、何がしたいのかもわからなくなっている最中でしたので、本当にありがたい言葉でした。

その言葉を信じて、しばらくは自己啓発の時間として、とにかく行動することにしました。話し方のセミナー、プレゼンテーションセミナー、自分の強みを引き出すセミナー、カウンセリングの学習、経営塾など、次の仕事につながる学びの場に足を運び、多くの人とお話をする機会を得たのです。

結果、私のしたいこと、いや、すべきことは自分の経験を活かして、人を輝かせるお手伝いだと確信。私は最終的に研修講師、講演家として第二の人生を歩み出しました。この年で一から勉強できる環境があり、CAとして培った経験を活かしながら、人から「ありがとう」をたくさん言っていただける仕事に出会えたことは、私にとって何物にも代えがたい宝物です。今では、年間160回以上のお仕事をさせていただくまでになりました。

行動しなければ、チャンスも成功もつかむことができません。

まずは言い訳や決めつけなどせずに、行動してみることです。そうすれば、おのずと出会いがあり、多くの経験ができるようになるはずです。自分に合わないことは、お願いしなくても自然にさよならしていくでしょう。

2

いつでもどこでもメモを取る

ホテルのコンシェルジュ時代、何でもご存じで話題が豊富、その方の話には誰もが納得してしまうという会話の達人と出会いました。その方はＶＩＰのお客様でしたが、とても魅力的な方で、ご案内ができる私はなんてラッキーなのだろうと思っていました。

そこで、私はその方の人を惹きつける言動を観察してみたところ、ご案内中にいくつか気づいたことがありました。

例えば、レストランの個室までご案内したときのことです。入り口に入られてまず、お相手の方とご挨拶をします。その後に必ず、「先日のゴルフはいかがでしたか？　あそこの芝は良いでしょ」「優勝おめでとうございます。今日は九州場所からお帰りでいらっしゃいますか？　最後の一番は良かったですね」と、まるで一緒に出かけられたかのように話されるのです。

お相手の方は必ずと言っていいほど、「そうなんですよ」と、うれしそうに微笑みます。もう話が弾むこと間違いなしです。

なぜ、いつも良いタイミングで、目の前の方にぴったり合った言葉をさりげなく伝えられるのか、私は不思議に思いました。

そういえば、いつもホテルに到着した際には、必ず手帳を取り出して、何かを確認なさっています。「少し待っていただいてもいいですか？」と、申し訳なさそうに仰り、手帳を確認されてからご案内するというのがいつものパターンでした。

ある日、手帳の確認が、いつもより長かったときがありました。すると、「これから会う方に素敵なメッセージを最初に伝えたいから、確認しているんだ。**大事なんだ**

よ、最初の一言って。いつも、これはと思った言葉をこうしてメモしているんだ」と、手帳を見せてくださいました。

そこにはぎっしり文字や絵が書かれています。どうやら、文章ではなくキーワードが記載されているようでした。「なるほど」と、その心遣いに感動しました。

私の興味は止まらず、その後、ご利用になられた際にこうお尋ねしました。

「ひとつお伺いしてもよろしいでしょうか？　先日、お相手と会う前に、お相手へメッセージを伝えるために必ず手帳を確認なさるとお伺いしました。その日、お相手とお話をしているときにメモに残したいと思う内容が出たら、やはりご自宅に戻られてからお忘れにならないようにメモなさるのですか？」

すると、お客様は「いや、家に着くまでに忘れてしまうから、クルマに乗ったらすぐにメモをしているよ。時々、何を書いたか読めないときもあるけれどね」と、教えてくださいました。

心の距離が近づくメモの活用法

印象的な言葉を相手に残すため、気づいたことはそっとメモ。そして、メモしたことは、必ず次に活かす。このお客様には、人間関係を濃密にするヒントを教えていただきました。

私はホテルの出向から航空会社の現場に戻ることになり、早速、活用することにしました。

4年ぶりに客室センターに帰任すると、ほとんどが初めて会う方ばかりという環境でした。人の顔と名前を覚えるのが大変でしたが、ホテルで学んだことを活かそうと、会ったら人の名前と話した内容をメモ。そして、次に会ったらメモを活かす。これを繰り返しました。

ある日、客室本部に帰任後すぐに、フライトでご一緒した後輩に「先日はありがとう。フライト情報マニュアル、早速確認できました。本当に助かりました」と伝えると、彼女は「とんでもないです、少しわかりにくいですものね。でも、確認できてよかったです」と、照れながらも、少し誇らしげに答えてくれました。私と彼女との距離がさらに縮まった瞬間でもありました。

相手との距離を縮めたいのであれば、とにかく気づいたことはメモをする。そして、次にお会いする前に確認して、メッセージをしっかり伝えることです。どんな些細なことでもかまいません。何気ない会話の中で「来月、両親とフィレンツェに行くんだ」と仰ったら、すかさずメモ。そして、次回お会いするときに、「そう言えば、イタリア親孝行旅行はいかがでしたか？」と聞いてみるのです。

相手の方は驚きながらも、自分のことを覚えてくれたということをうれしく思い、「実はね……」と、心を開いてお話しくださることでしょう。相手との距離がぐっと近づく瞬間です。

3

見えないところこそ意識する

身だしなみについては4章2項でもお伝えしましたが、身だしなみは「おしゃれ」とは違います。おしゃれは自分の好きなように楽しめるもの、身だしなみは相手のために心がけることです。相手がどのように自分を判断するか、相手目線を意識するのが〝だしなみ〟だということです。

今までお会いしたＶＩＰのほとんどの方は、ご自身が組織の象徴であること、身だしなみひとつで安心や信頼というものが左右されてしまうということを、十分に心得ていらっしゃいました。信頼できる人として認められるには、**見えないところこそ意**

識することが肝心であるということです。

4章5項でもお伝えしたように、身だしなみで一番と言っていいほど大事なのは靴です。高級な靴を履いているかどうかではなく、靴をきれいに磨いているか、手入れを怠っていないかということです。

靴をきれいに磨いているということは、足の先まで神経が行き届く人であり、その人の仕事ぶりが靴を見れば判断できるというわけです。

私は出勤時、駅のホームで電車を待っている際などに、つい「靴の後ろ」を見てしまいます。残念なことに、ここを綺麗に磨いている方は少ないのが現状です。皆様もあまり意識していらっしゃらないのではないでしょうか？

ファーストクラス、ビジネスクラスのVIPのお客様の靴は、どれも見事な輝きでした。

私は常に気持ちを込めて靴を磨くことを習慣としています。CAのときもロッカーにはシューズボックスがあり、靴クリーム、ブラシ、磨きクロスが揃えてありましたし、今でも常に携帯用の靴クリームを持参しております。

靴を磨くことにより、仕事に行く前から気が引き締まり、今日も頑張ろうという気持ちになる効果もあります。

以前、靴を修理に出した際に、店員さんから「お客様、靴を大事になさっていますね。修理をするほうも気持ちが良いです」ということを言われ、とてもうれしかったのを覚えています。

見えないところに意識を向けることにより、あなたの印象も変わります。それ以上に、あなた自身が気持ちの良い一日を過ごすことができるメリットは大きなもの。きっと良い仕事の成果が出るはずです。

ぜひ、「見えないからいい」ではなく、見えないところほど意識するようにしてください。

4 人を心地よく楽しませる

私の尊敬する方にヴァイオリニストの天満《てんま》敦子《あつこ》さんがいらっしゃいます。東京全日空ホテルで仕事をしているときにご縁をいただいたのですが、演奏家としてはもちろんですが、それ以上に、彼女の人間性が大好きなのです。

当時、ホテルをお住まいになさっていた天満さんは、いつも慣れない私に声をかけてくださいました。

「今日も会えてよかった。暑いから頑張って。では、行ってきまーす！」と、満面の笑顔で思いっきり大きく手を振って外出なさいます。ひまわりの花のように、一瞬で周りを温かな空気に変えてしまう、とても魅力的な方です。

私は今でもリサイタルにはお伺いしておりますが、ご親交が深い方には皇后陛下や日本銀行総裁もおいでになり、すぐに満席になってしまうほどです。

私は音楽のことは詳しくありませんが、彼女のさまざまな感情を表現する音を聴いていると、走馬灯のようにいろいろな情景が浮かんで魂を揺さぶられ、涙が止めどもなく溢れてくることが多々ありました。

天満さんには、「今日も心が喜びました」といつもお伝えしています。

天満さんの一番の魅力は、何と言っても会話力です。演奏後にサインをなさいますが、初めての方は必ず「あの演奏をされていた方?」と仰るほどです。それくらい、いつも自然体で、とてもチャーミング。誰もが演奏時の姿とのギャップに心がキュンとなり、「天満さんに会いたい」と、思ってしまいます。

とにかくどんな人に対しても気さくで、「元気でしたか。ちょっと痩せた?」など、誰もが存じ上げるVIPの方にも同じように声をかけていらっしゃるのです。

私たちは、「えっ、大丈夫かしら?」とドキッとしてしまうこともありますが、お相手は「気づいてくださいましたか。ありがとうございます」と、ニコッと微笑んでいるのです。

これこそ、印象に残る一言で相手の心に飛び込む会話力です。著名な方だからといって態度を変えるようなことはせず、分け隔てなくお客様と接していらっしゃいます。演奏が素晴らしいのはもちろんですが、いつもありのままでいらっしゃる姿勢が、多くの人を虜にする秘訣なのだと思います。

お客様とお会いすることをご自身が素直に楽しみ、飾らない気持ちで会話をする。この飾らない心こそ、相手の心を惹きつける強みになるのではないでしょうか。

5

ネガティブ発言は決してしない

ついつい、ネガティブな言葉を使っている自分に気づくことはありませんか？
もしかしたら、落ち込んでいるときなどはネガティブ発言に陥っている自分に気づいていないかもしれませんが、物事がうまくいかないときは、愚痴と共に「どうせ自分はうまくいかないんだ」など、マイナス因子を音として発しているものです。

成功している方は決して、ネガティブな発言はいたしません。

「言霊」とも言いますが、人の発する言葉の音はとても重要です。言葉の音を脳がそのままキャッチし、指令を出し、そのように行動させてしまうのです。

例えば会社で「嫌だ」「つらい」などネガティブな言葉を発していると、おのずとその音がネガティブな波動となって仲間に伝わり、社内の空気がどんどん重くなっていきます。逆に、「楽しい」「ありがとう」などポジティブ言葉を発すると、一瞬にして皆が笑顔になり、温かな空気が流れるのです。そのくらい、言葉は人の行動に影響を与えます。

私が出会った成功者の方たちの会話をお聞きする中で気づいたことですが、皆様、プラスの言葉を選んで使っていらっしゃるのです。

ある方は、「意識してでもネガティブな言葉は発しないし、ネガティブな考えはしないよ。考えたとしても、すぐに前向き発想に変えるし、ネガティブな言葉が浮かんだら飲み込むようにしている。最初は意識しないと無理だけれど、習慣にしたほうがいいよ」と、アドバイスをくださいました。

最初は「私は無理」と思っておりましたが、実際に自分が「楽しい」「ありがとう」と、ポジティブな言葉を言い続けることで、自分自身の心が元気になるのを実感したのです。

それから、どんな壁に当たっても、「勉強させてくださり、ありがとうございます」「成功の段階に感謝」とポジティブな言葉にすることで、新たな仕事と巡り合ったり、お仕事をいただいたりと、素晴らしいご縁をいただきました。

「水は聞いている」という話をお聞きになったことはありますか？　悪い言葉を聞きながら生成された水の結晶は、いびつな形の結晶となり、良い言葉を聞いた水は美しい形の結晶になるのだそうす。

ネガティブ思考やマイナスの言葉を発していると、悪い方向にどんどん引っ張られてしまい、良いことは起きにくくなり、目指すべき場所にはたどり着けません。

ですから、私も申し訳ないと思いながらも、会合などで話をしている際にネガティブ思考の方が側にいらしたら、そっと席を離れるようにしています。

本章9項で目標を持つことをおすすめしていますが、ここでもネガティブな否定言葉ではなく、ポジティブな肯定言葉を使うことを心がけてください。素晴らしい目標を掲げても、ネガティブな言葉はチャンスを逃し、引き寄せも起きません。

ぜひ、ポジティブ思考を意識して実践してみてください。

6

考えすぎない

「イメージすること」と「妄想」とは違います。妄想には根拠がありません。一方的に考えて判断することでもあります。

あなたも勝手に考え込んで判断し、後悔したことがあるのではないでしょうか？

「こんなことを言ったら相手は多分こう思うだろう」「これは無理」「逆にこうしたら、うまくいくだろう」「なんとかなるだろう」と、自分の中だけで考え、判断してしまうことが、誰しもあるはずです。

私もかつて、考えすぎて自分の頭の中だけで結論を出し、行動につなげられていてない自分がいました。狭い考え方の中でぐるぐる回っているから余計に時間がかかり、答えが出たときには疲弊している、という状況でした。

ところが、考えに考えた末、相手に確認すると、「そんなことを考えていたの？」と、全くマイナスに捉えておらず拍子抜けした、というケースも多々ありました。

答えを知ることが怖いときもありますし、相手を思うあまり、なかなか言えないときもあります。でも、そのような状況で悩んでいるとしたら、もったいないですよ。

以前、1対1でコーチングを受けるカリキュラムの中でのことです。コーチの方は、質問に対してあまりにも思い込みが多い私を見兼ねて、心臓が飛び出すくらい大きな声で、「真実は一つ。うまくいかなくても結果は出ます。真実から新たな行動が始まります。自信がないのなら努力をすること、失敗した自分も褒めてあげること！」と、息継ぎもせず、私のために涙を流しながら必死に気づかせようとしてくださいました。

私も大泣きしながら、一体、自分は何をしてきたのだろう、もっと自分を見つめるべきだったと心から思い、気持ちがすっと軽くなったのを覚えています。

これが、私が生まれ変わった瞬間だったのかもしれません。自分らしく生きていいんだと気づいてからは、仕事の進め方や人とのコミュニケーション方法が大きく変わり、チャンスが訪れるようになったことは言うまでもありません。

思考回路を変えてみる

もし、私と同じような状況で悩んでいる方がいらしたら、ぜひ一度、思考回路を変えることをお勧めします。

ただし、思考回路をいきなり変えることは難しいですから、まずは行動（伝えてみる、確認してみる）してから、考えるようにしてみてください。

妄想すること、思い込みは危険であり、時間の無駄です。

真意はどこにあるのかと悩んだときこそ、自分の判断を過信せず、相手に確認して次の一歩につなげましょう。お互いの価値観は違って当然です。

相手に対して、つい自分本位の言葉になっていないでしょうか？　逃げの言葉を使っていないでしょうか？

多少自信がない自分でも、失敗続きの自分でも、うまくいっていない自分でも、たくさんの経験をして頑張っているのですから褒めてあげましょう。世の中でただ一人の自分なのですから、「大好きだよ、これからもよろしく」と、言ってみてください。

心はまた褒めてほしくなりますので、良いことが必ず訪れます。**「自己愛」こそ成功の秘訣**です。

できる人は憶測や思い込み、妄想で考えません。真実を探り、真意と向き合い、決して逃げず、ブレることはありません。あなたも今日から新たな一歩を踏みしめてください。

7

気づいてほしいところに気づく

私には尊敬する物静かな社長がおります。会社にお伺いすると、社員の皆様のことをいつも見守り、ご自身はどんと構えていらっしゃいます。

その方の社長室は、なんとシースルーの部屋。その入り口は常に扉が開いています。誰でも気軽に入れるように、との配慮です。

社長でありながら、身近に感じるこの温かさは何だろう？　と、考えてみたところ、コミュニケーションの多さに気がつきました。「今日もかっこいいネクタイじゃない」「新しいコピー機、大事に使ってね」などと、社長が笑顔で語りかけます。

社長が社員一人ひとりに声をかけている様子は、見ている側も心地良く、お客様もついつい笑顔になる。社員はもっと笑顔になっている。良いサイクルですよね。

この社長の素晴らしいところは、「気づく力」の高さです。以前、「社長の気づきにはいつも驚かされます。天性のものでしょうか?」と伺ったところ、このようなお返事でした。

「相手に心地良いと感じてもらうためには、まずは気づいてあげることが一番だと思っている」

部下に喜んでもらいたいという気持ちで「気づく力」を鍛え上げた結果、仕事にも活かされ、お客様が増えたそうです。相手に関心を持ち、笑顔にさせたいという思いが、最上級のおもてなしになっているわけです。

あるとき、その会社の忘年会に参加させていただいたことがあります。いつものように物静かでニコニコ笑顔な社長でしたが、あるとき、そっと移動し、座布団を1枚小さくたたんで、ある男性社員のところに行きました。

「少し長くなると思いますよ。腰が痛くなるから、座布団を使ったらどうですか?」

社長は、その男性が腰痛であることをしっかり覚えていらっしゃったのです。

また、移動をして別の女性には、

「家は相模原だったよね。電車はまだ大丈夫？　無理しないでね」

このさりげない気づきに、さすがだと思いました。


一方、関連会社の方もお招きしていましたので、次から次へと挨拶に回っていらっしゃいました。一人ひとりに「いつも新鮮な食材をありがとうございます。おかげさまでお客様に喜ばれております」などと、丁寧に両手で握手をして、感謝の気持ちを込めたメッセージを伝えられています。

社長であるべき場所では社長としての役割を全うし、それ以外では**いち人間として、相手を気遣う気持ちを常に持つ**。だから相手の心、それも、相手が気づいてほしいところを読み取り、さりげない言葉で先に声をかけることができるのです。社長のファンが多いのも、納得です。

8

何が起きても慌てない

臨機応変な対応が求められるときは、突然やってくるものです。私は数多くの著名な方の「突然」に遭遇してきました。そのたびに気づいたことは、できる人は、いつも**自分なりの「のりしろ」を持っている**ということでした。

「のりしろ」とは、どうにでも対応できる柔軟性です。これは規定やマニュアルにあるものではなく、ご自身の立場や経験を活かして、その場に応じた対応材料を持ち得ているということです。

たとえ最悪なことが起きても、「どうしよう」ではなく、「どうしたらよいか」をまずは考える「思考する力」であり、それなりの想定力と判断力を持っているかどうかが大きいと思っております。

突然なことでも慌てない自分でいることが、上の立場になればなるほど必要なことではありますが、「たまには慌ててもいいのに」と思うくらい、皆様落ち着いて対応なさいます。どんなときも、冷静で落ち着いた対処をなさるその姿にはさすがと思うばかりでした。

例えば、こんなことがありました。

ホテルで仕事をしていたときのことです。企業の社長の皆様には年間を通して、総会や数々のパーティなどでホテルをご利用いただいております。私は数年間、プロトコールとして皆様のお迎えやお見送り、会場、レストランのご案内をさせていただきました。

ある社長がパーティからお帰りの際、玄関の車寄せに車を用意しておかなければならなかったのですが、私がドアマンにお名前と車番を伝えるタイミングが遅くなり、玄関前でお待たせすることになってしまいました。

「お待たせして申し訳ございません。すぐにお車は到着いたします」とお詫びする私に、ニコッと笑い、「ちょうどよかったよ、外の空気が吸いたかったのでね。星は見えるかな」と、思いがけず冗談めいた言葉が返ってきました。おそらく、私への配慮なのだと思います。

相手の気持ちを察して、臨機応変な対応と素敵な言葉を返すその姿に、社長という立場を超えた人間力の大きさを感じました。幅広いのりしろがある方だからこそ、部下を育て、活かす技も心得ており、部下がついていこうと思う「人間的魅力」をお持ちなのです。

私もそのようなのりしろを持ちたいと、多くの人格者とお会いするたびに思うものです。私が現在携わっている講師業も、その場、そのときの空気を読んで、臨機応変に判断し、対応する力が求められる仕事です。マニュアルはほとんどないに等しく、目の前の人と心を通わせて、どういう進め方をしていくか、その場で判断します。

何が起きても慌てず、対処できる力と細かいことに動じない強い心が必要な仕事だからこそ、楽しみながら、自分の力に変えていきたいと思っています。

9

常に目標を持っている

研修などでは、日々、目の前の仕事に追われ、なかなかゆっくり自分と向き合うことができていないとの声を聞きますが、近頃、目標を持つことを忘れていませんか？人は目標を達成する段階で悩み、苦しみ、その先にやりがいや成長があります。何のためにこの仕事をしているのか、それがどこにつながっていくのかを考え、自分は将来どのような仕事をしているのか、どのような人物になっているのかを意識する習慣を身につけましょう。

そして、目標を達成するための行動策と計画も立てましょう。具体的にいつまでに、何をすべきかを箇条書きにして、1～2週間に1回でも確認することをおすすめします。

目標は「どのような仕事をしたいか」ではなく、「しているか」と**現在形で考える**のがポイントです。実際にそうなっている自分を明確にイメージすることが成功の秘訣です。

（例）

目標 私は２０１５年度内に管理職、新商品プロジェクトのリーダとなり、メンバーをまとめてスキルアップしている。

具体策 ２０１５年12月　管理職試験合格（試験と面談）
２０１６年４月　管理職
２０１６年６月　マネジメント教育受講
２０１６年７〜８月　品質点検実施、新提案検討
２０１６年９月　プロジェクト発足

このように、文字でも、一覧表でも、図式でも構いません。頭の中にある目標を整理することです。そして、もっと大事なのは、それを**いかにイメージするか**、ということです。

私自身、自分の夢や将来なりたい自分像を明確にするため、文字ではなく、イメージを部屋に飾っています。例えば、将来ハワイに住みたいと思うのであれば、好きなハワイの写真を貼る。常に笑顔でいたいというのであれば、好きな笑顔を貼っておく。場合によっては、イラストを描く。

私は常にそれを見て、将来の自分のイメージを確認して「今日も一歩、夢に近づけるぞ」と思いながら、家を出るのです。すると、おのずと笑顔ある1日が過ごせたり、将来のためにこのプロジェクトを頑張ろうと思えたり、不思議と元気が湧いてくるのです。

目標達成のサイクルを生み出そう

この目標設定方法は、これまで思いつかなかったようなことをアドバイスしてくださる、とても尊敬しているボスが教えてくださいました。このボスはご自身の夢を叶え続けていらっしゃる方でもあります。常に軸がブレないので、言葉の一つひとつに重みがあるのです。

あるとき、営業の仕事で悩んでいる私に、こうアドバイスをしてくださいました。

「文字にして設定した目標は、声に出して確認すること。脳は素直に受け止めるから、イメージ通りに進んでいく。

そのなかで、状況を確認しながら修正することは、設定することよりもっと大事。修正を繰り返していけば、いつの間にか世界（自分が置かれた環境や付き合う仲間）が変わってくるよ」

設定した目標の**4〜5割達成できたら、さらに高い新たな目標を設定する**ということです。

今の目標のゴールが見えるようになり、手に届くものになったら、次はその状況がイメージできないほどの高い目標を立てます。そのときの状態はまったくイメージできなかったとしても、具体的に行動計画を立てて実践していくと、段々その目標が近くなり、達成したときの自分が見えてきます。そのサイクルを常に意識することが大事だと、仰っていました。

目指すことが決まっていれば、人から何を言われても、たとえうまくいかないときがあっても、些細なことでは動じません。

自分の未来につなげる

成功を手にした人は、高いビジョンに向かって単に進むだけではなく、ビジョンより低い位置にある**「今」をどう過ごすか**が大事だと仰います。

ただ漫然と日々を過ごすのではなく、意味のある時間の使い方をしなさい、ということです。

今、この一瞬をどう過ごすかの重要性を知ることは、自分のビジョンを達成するには絶対に必要なポイントです。そして、そのためには、何でも受け入れるのではなく、目の前にある物事を賢く選択することが必要です。

風呂敷を広げるだけ広げても、最終的には先を結ばないと物を落としてしまいます。先をしっかり結ぶことで、物を包むことができるのと同じです。

先が見えない中、船をこいで上流に向かうとき、荒波もあれば、行き止まりもあるかもしれません。渦に巻き込まれてしまうかもしれません。そんな状況の中で、浮き輪も、連絡信号も食材も何も準備せずに、むやみに進んでしまうと、船ごと崩れてしまうでしょう。あるいは、漂流してまったく違うゴールにたどり着いてしまうかもしれません。

それであるならば、事前に何を準備しておくべきか、一人でいいのか、複数で行くべきか、もしくは船はどのくらいの大きさにするのか、考える必要があります。

そのためには、明確にイメージできるゴールを設定しておくこと。そして、それを常に意識しておくことが重要です。そのイメージが明確であればあるほど、何をすべきか、誰と会うべきかがわかるはずです。

私は、1週間に3時間ほど、自分と向き合う時間を大切にしております。その3時間で次の週をどのように過ごすかを決めるのです。

すべて予定通り、順調にはいきませんが、自分のビジョンを達成するための計画を立てるのは楽しい時間です。文章にしたり、図にしたり、絵にしたり……。未来の自分のために、今をどう過ごすかを考える習慣を身につけることで、目標は現実になります。

実際、私が2年前に書いた目標のうち、いくつかは既に叶っています。**夢は描くためだけのものではなく、現実化するためにあるものなのです。**

6章

人の心を動かす
ワンランク上の接遇力

1

「当たり前」を裏切る

感動とは、人の心を動かすことです。そのためには、まずは当たり前のことをきちんとすることが必要ですが、そのうえで相手が期待していた以上の出来事が起きたとき、あるいは自分の判断基準で当たり前と思っていたことを良い意味で裏切られたときに心が動くのです。

最終章では、そんなワンランク上の接遇をお伝えします。

上の立場になればなるほど、「**裏切らない**」ということを意識することが必要です。自分に対して「期待」という言葉が常についてくるからです。

人は勝手なもので、相手に対して自分なりのイメージを持ち、そのイメージと実際の本人とを比較します。お互いに価値観が違いますから、その期待が一致するとは限りません。よく「芸能人は、どんなときでも自分のイメージを崩してはいけないから、大変だなあ」と言いますが、これは誰でも一緒です。さらに「期待以上の自分」を目指さなくてはなりません。

私がこの人はすごいな、と思った一人の社長さんがいらっしゃいます。その方は産業廃棄物収集・処分の会社を経営されています。廃棄物の収集、分別、加工処理という仕事ですから、全身が汚れるのは当然です。だからこそ、周囲へのおもてなしを常に意識なさっているそうです。

最初はやや強面で怖い、話しにくいといった印象もありましたが、いつも会話が楽しく、驚くほどの知識の豊富さに、勉強になることがたくさんありました。

私が初めて研修の打ち合わせで、その会社にお伺いしたときのことです。会社の隣には大きな工場があり、次から次へとトラックで大量に運ばれてくる廃棄物を、皆さんテキパキと処理しています。

事務所に伺うためエレベーターに乗ると、ちょうどエレベーター内の清掃をなさっているところで、社員と思われる一人の女性が「申し訳ございません、清掃をさせていただいております」と、一礼をしながら雑巾で中をきれいに拭いているではありませんか。普通の会社では、清掃会社の方がお掃除をしているのを見かけますが、社員の方というのは、初めての光景でした。

「きれいになさっているのですね」と私が言うと、その方は「どうしても汚れてしまうのですが、お客様も従業員も気持ち良いほうがいいですからね。社長のこだわりなのです」と、少し誇らしげに教えてくださいました。

「なるほど、どのような社長さんなのかしら」と、私の興味は高まり、まずは事務所に伺いました。「こんにちは」と、ドアを開けて入室すると、一斉に従業員の方がお立ちになり、「いらっしゃいませ」と、お迎えをしてくださいました。見事なおもてなしでした。

研修のご依頼をいただいた当初は、工場で働いている方に、何をどのように伝えればよいのだろうと悩んでおりましたが、そうしたおもてなしを目の当たりにして、社長のこだわりを垣間見た気がいたしました。

徹底したおもてなしは差別化になる

社長とお目にかかると、社員の皆様に対する思いや、会社が信用され、安心して仕事をお任せいただける会社にしたいという思いを熱くお話しくださいました。

なかでも特に印象深かったのが、そこで働く人の「イメージの見直し」でした。「廃棄物を処理している仕事＝汚れる仕事」だから、ユニフォームも汚れているんだろうというお客様のイメージ、また、このような仕事をしているから汚れるのは仕方がないという社員のイメージを覆したい。新たなイメージづくりをするために、お客様へ配慮ができる人材の育成をしたい、という社長の思いです。

特に第一印象を与える身だしなみに対する思いは強いものでした。仕事中に汚れるのは仕方がないが、汚れたら綺麗にしてから人前に出ること。爪の間にも汚れが入るので、ブラシで磨くこと。そのようなことまで、従業員に徹底してもらっているとのことでした。

確かに、その後、失礼ながら皆さんの身だしなみを拝見すると、ユニフォームはもちろん、爪の先まできれいになさっていました。「これか、イメージを覆す身だしなみ」と、思わずつぶやいてしまったほどです。

もちろん、帰り際も気持ち良く見送ってくださいました。

後日、この会社をご存じの方に「実は研修に伺うのです」とお話ししたところ、「あそこはね、おもてなしがすごいんだよ」と、皆が同じことを仰るのです。

人のイメージを良い意味で裏切る行為こそ、ワンランク上のおもてなしであり、他社との差別化につながるのだ、と思いました。

おもてなしの徹底は、圧倒的な信頼・信用につながります。社長は、そうした当たり前を裏切る行為から生まれる成果の大きさを心得ているからこそ、自分のこだわりを実践し続けているのです。そして、その思いが従業員にも浸透しているので、お客様の心にも強く残すことができているのです。

2

24時間、自分を演じる覚悟を持つ

私は自分に期待されていること、自分のイメージを大切にしています。

どのような仕事でも同じだと思いますが、相手の期待を裏切らず、「期待されている自分」を演じきることで相手からの信頼・信用を獲得し、成長につなげることができます。

「期待されている自分」は、自分にしかない「ブランド」となります。

自分の強みを明確にし、それを相手に認知されるほど前面に出していくこと。そのためには、24時間、365日、「自分ブランド」を意識することが必要です。

私は24時間、研修講師でいます。もっとわかりやすく言えば、講師としてただ教えるだけではなく、おおげさに言えば、歩いているだけで学びを提供できるように心がけています。

笑顔が素敵と思えば、ご自身も笑顔を意識なさるでしょうし、凛とした姿勢がかっこいいなと思えば、自分の姿を鏡で見て、姿勢を確認するはずです。

私は24時間、「人生の案内人」でありたいと、本気で思っています。常に意識される自分でありたいので、いつでも、どこから見ても、受講生の方が一つでもヒントを得て、意識して行動していただけるように、全身で発信し続けているのです。

その行為が、自分の強みを知ることになり、その強みを高めて自信に変えることにもつながります。それが、「自分ブランド」となっていくのです。

自分の強みを磨くことで、よりあなたが輝き、必ずプラスの反応、プラスの言葉が返ってくるようになります。

オフの過ごし方がポイント

24時間「期待されている自分」を演じるといっても、1日中意識的でいることはなかなか難しいですし、疲弊してしまいますよね。

オンモードのときに全力投球できる自分でいるためには、**オフの時間をどのように過ごすかがポイント**です。

私が研修講師として大事にしていることは、「熱意を持って伝える」こと。ですから、伝える材料（根拠）が非常に重要になります。

すべてのことが仕事に活かせると思い、好奇心や興味を持ち、いろいろなことに挑戦したり、人の意見を聞いたり、人間観察を行なったりします。言ってしまえば、オンとオフの境目はありません。

それは、CA時代も一緒でした。お休みの時間を使ってお客様との会話に活かせる情報や知識（旬なニュース、経済関連本、映画、音楽、食べ物等々）を得る時間をつくったり、あるいは、機内食を提供してくださっているお店に実際に行き、食事内容だけではなく、お店の雰囲気やこだわりをお客様に伝えられるよう、勉強したりもしておりました。

これは「いつも張り詰めた時間を持て」と言いたいわけではなく、人前での自分のイメージを常に意識することが重要であること、そして、そのイメージを裏切らないためには今、何をすることが大切なのかを考えるきっかけにしていただきたいということです。

疲れたときには力を抜いて、何もしない時間をあえて作る、あるいは1日ご褒美エステに行く、ジムで体を動かす……など、オンに備えたオフの過ごし方も重要です。「どのような自分であるべき」ではなく、「自分はどうありたいのか」を大切にして自分磨きをし、24時間、期待に応えるあなたでいらしてください。

3

努力する自分をあえて見せる

ＡＮＡグループは、英国スカイトラックス社が運営するエアライン・スター・ランキングで3年連続、最高評価を獲得しております。日本で唯一の「5スター（5つ星）エアライン」です。

私がＡＮＡに入社したのは今から35年前です。当時は日本航空（ＪＡＬ）に次ぐ二番手の航空会社でした。私たちの合い言葉は「追いつけ、追い越せ」。常にＪＡＬを意識しておりました。

「国際線か、いいな（当時、ＡＮＡは国内線だけでした）」「主要路線の便がどうしてこんなにも多いの」と、うらやましく思うときもありました。

そこから始まったのが**「いつか、きっと」の信念**です。いつか追いつき、追い越すことを信じ、ついに2010年にはアジアNo.1にも選ばれたのです。とにかく一番になれたということが、何よりうれしかったです。

二番手であったことは、かえって私たちの成長の糧となった気がします。とにかく追いつこう、まだまだ足りない、頑張ろう、強みを磨こう……といった、品質の高いサービスを提供したいという熱い思いがあったからこそ、自分たちの課題を分析し、一人ひとりの取り組む姿勢を見直し、こうした結果に結びついたのだと思います。

ただし、No.1だからと言ってあぐらをかいでいるようでは、今は良くても、すぐに淘汰されてしまいます。どんなに良い状況であっても忘れてならないのが「向上心」です。さらに能力を高め、成長したいという貪欲な気持ちです。

サービス業であるならなおさら、お客様のために何ができるか、何を期待されているかということを追い続けることが大切です。

それは、日常の考え方にも通じます。「年だから関係ないの」とか、「もういいの、無理だから」「面倒だから、しなくていいや」という声を聞くと、私はものすごく悲しくなります。「自分の人生をもっと大切にして！」と伝えたくなります。

さらに自分を高めたいという気持ち、もっと自分を良くしたいという気持ちを大事にして、自分磨きをしてほしいと思います。

努力している姿は周囲に好影響をもたらす

そして、**努力をあえて周りの人に見せる**ことも、私はおすすめします。なぜなら、それが周囲に大きな影響を与えるからです。

あなたが努力している姿を見て、相手が刺激を受け、自分も頑張ろうと思ったり、自己を振り返る時間にさえなるときもあります。

CAが仕事をするうえでは、いくつも資格が必要になります。例えば、ファーストクラスには、ファーストクラスの資格を持った人しか立ち入ることができません。

当然、相応のスキルが求められるからですが、目に見えるスキル（資格、英語力、フライト実績等々）だけではなく、ヒューマンスキル、つまり人間性や接遇力、会話力が他クラス以上に求められ、そのクラスにふさわしい力を必要とするからです。

仕事ですから当然と言えば当然ですが、決して誰もがなれるわけではなく、そこには言葉では伝えられないほどの努力が必要です。

あるとき、雲の上の大先輩がフライトから戻ってきました。お帰りになるのかなと思っていると、ＴＶ画面の前に座り、ＶＴＲをご覧になっていました。気になって覗いてみると、サービス手順を確認するＶＴＲを、何度も何度も巻き戻してご覧になっているではないですか。

私はいったん、「お先に失礼します」とご挨拶をして更衣室に行き、しばらくして客室本部に戻ると、今度は機内用品を使ってサービス手順を何度も確認しています。そのような先輩の姿を数日間、目にすることがありました。

私は勇気を出して、「数日間、勉強なさっていらっしゃいますね。僭越ながら、その姿に感動しました」と一言、その先輩にお伝えしたのです。

すると、先輩は「見られていたのね、恥ずかしいわ。どうも覚えが悪くて、お客様に失礼があってはいけないし、若い人には負けられないからね」と、ニコッと微笑みながら仰られたのです。

良い仕事をしたい、人に負けられないという素直な気落ちが伝わってきて、その先輩との距離がぐっと縮まった思いでした。

いくら上の立場になっても、努力を怠らず、向上心をいつまでも持ち続けたいという姿勢や、いくつになっても仕事に対するポリシーを持ち続けることこそ、プロ意識ではないでしょうか。

さらに上を目指す気持ちと行動力。そうした率先垂範の姿勢こそ、周りを元気に、やる気にさせると感じました。

4

踏み込まない勇気も時には必要

相手への関心・気づきから行動を起こすためには、場を読む力や洞察力が求められます。しかし、場合によっては、**あえて踏み込まない**ことが重要なときもあります。

ある搭乗中、下を向きながら搭乗されている若い女性がいらっしゃいました。他の方とはまったく違う雰囲気を体全体から発していて、すぐに気になりました。

その方は窓側の席でしたが、荷物をご自身で収納すると、ずっと窓の外をご覧になっています。時々、ハンカチで涙を拭っていらっしゃいます。この時期だからご実家に帰省なさったのかな、あるいは彼と何かあったのかな……いろいろと想像しながら、しばらく様子をみることにしました。

離陸後、ギャレーではサービスの準備が始まります。その間、機内では毛布を配布したり、イヤホンの使い方をご説明したりします。

先程のお客様はまだ、窓の外をご覧になっています。そうこうしているうちに、飲み物のサービスが始まりました。あのお客様にはどのように対応すべきかを考えましたが、私はお飲み物を今はさしあげないことにしました。前から順番にサービスするのが基本の進め方ですが、この方はまだ涙を流していて、心の整理をしていらっしゃるように感じましたので、あえて、その方の順を抜かすことにしたのです。

「しばらく、そっとしておきますね」と、心でつぶやきながら、先に進みました。

とはいえ、こちらがあえて今は控えたほうがいい、様子を見てお声をおかけしようと思っていても、相手は声をかけてほしかったかもしれません。

私は心の整理をなさる瞬間をお待ちしました。この方は窓のほうを向いていらっしゃいますが、外を見ているわけではなく、涙を流している姿を見せたくないので、体の向きを変えていらっしゃるのです。半分背中を向けていますので、その後ろ姿から状況を判断しなければなりません。

多くの方は涙を流すと、どこかでハンカチで涙を拭ったり、あるいはため息をついたりします。このため息は、「落胆のため息」と「前向きなため息」がありますが、いったん心を整理したことには変わりはありません。

他のお客様にサービスをしながらも、その方に目配りをしながら、さらに自分以外のメンバーにも様子を伝えて、皆でお声かけをするタイミングを待っていました。

そして、ふっと、ため息をついて肩が大きく動きました。

「失礼いたします。先程、お飲み物を控えさせていただきました。何かお飲み物はいかがですか？」

私はすかさず、お声をかけたのです。

その方は、どこか晴れ晴れとした表情で、「わかっておりました。ありがとうございます。おかげさまで心の整理ができました。温かいお茶をいただいてもよろしいですか」と、仰ったのです。

「わかっておりました。ありがとうございます」という言葉に、驚きを隠せませんでした。こちらがあえて一歩引いた行動に、感謝をされたのです。

私は一歩踏み込み、お互いの距離を縮めることの重要性をお伝えしてきましたが、時には一歩引くことも必要だということです。


「温かいお茶をお召し上がりになり、ゆっくりなさってください」とお伝えすると、

「実は年老いた両親を田舎に残して私は東京に戻るのですが、本当は自分が面倒を見ることが親孝行かもしれないのに、自分の仕事を選んでしまい、申し訳なくて……」と、また涙を流しながら、私に心境を話してくださいました。

私にも同じような思いをした経験がありますので、気持ちが手に取るようにわかりました。

「私も同じような経験がございました。少しでもお二人で生活ができるのであれば、娘さんが仕事を頑張っていることが親としては一番うれしいのではないでしょうか。それが一番の親孝行かもしれません。

いつでも仕事は辞められます。どうか、ご自身を責めないでくださいね」
「はい、ありがとうございます」と、初めて笑顔を見せてくださいました。

「当たり前」を超えたところに感動が生まれる

このとき、何も考えずに、マニュアル通りに接客をしていたら、どうだったでしょうか？　もしかしたら、こちらのほうにも向かずに一言、「何もいりません」と、お断りされていたかもしれません。

少し放っておいてほしい、状況を察してほしい……と思われるかもしれません。

着陸前には、キャンディが入った袋と一緒に「思いを聞かせてくださり、うれしい時間でした。お悩みになった結果、お客様が決意なさったことを心より応援します。時々はご実家に帰省なさって、元気な顔を見せてさしあげてくださいね、またのご搭乗をお待ち申し上げております。――人生の先輩より」と書いたメッセージカードをお渡ししました。

メッセージをご覧になり、また、涙を流されていましたが、着陸前のチェックをしている私を追いかけ、笑顔で会釈をしてくださいました。

このように、当たり前ではない行動で、お客様から感謝されることがあるのです。マニュアルは、「基本」です。もちろん基本は大事ですが、その場の状況で観察をし、タイミングを見計らって、あなた自身が判断して対応することが、ワンワンク上の接遇には求められます。

もし、誤った対応だった場合にはどうするか、その対応も含めて行動することが、レベルの高い接遇ではないでしょうか。

5

私が大切にしている一生心に残る言葉

「24時間あなたのためにいつでも空けておきます」

入社して3年目、晴れてフライトの責任者であるチーフパーサーの資格を取ることができました。

私の夢でしたから、もちろんうれしさもありましたが、「本当に大丈夫なのだろうか」という不安や、「安全・快適を重視したフライトを常に提供しなければならない」という責任感の重圧に押しつぶされそうになっている自分がおりました。

「とにかく明るく、元気」というのが私の本領でしたから、いつもよりおとなしい私を見て、同僚が気づいたのでしょう。その後、先輩の耳にも届いたのかもしれません。グループのリーダーがあるとき、こんな言葉を伝えてくださいました。

「なんだかあなたらしくないけど、何かあったのよね。あなたのために24時間空けておくから、いつでも電話してよ！」

「24時間、すべてあなたのために」――なかなか言えない言葉です。何気なく、さらりと言った先輩にかっこいいなと思うと同時に、ありがたいな、応援してくださる方が側にいるんだな、といううれしさでいっぱいになりました。

その方は普段はバリバリと仕事をする、革新的なリーダーでしたが、一方で人一倍、一人ひとりをよく見てくださる方で、何かがあったときには、相手にふさわしい言葉をかけてくださる理想の上司像でした。

私が彼女から学んだことは、今考えると非常に影響力の大きいものでした。相手のために何をするか、何を伝えるか、相手と心を通い合わせることの大切さや、強いチームの在り方も学びました。

この言葉は、今では私が「ここぞ」というときに、かわいい後輩に伝えています。

「責任は私が取ります」

CAの勤務というのは、1カ月前に翌月のフライトスケジュールが明示される仕組みでした。フライトクルー(メンバー)は大枠はわかるものの、スケジュールや機材の変更などで、メンバーが確定するのは当日出社してからわかるという状況でした。

ある日、出社すると、雲の上の存在のような大先輩とご一緒、それもステイ(宿泊を伴う勤務)です。一気に緊張感が高まり、逃げたい気持ちでした。

刻々と時間は過ぎていき、心を静めながら準備をすませ、まずはご挨拶をと、必死で先輩を探していると、目の前に貫禄ある姿の先輩がいらっしゃいました。

私は「こんにちは、お久しぶりです。本日、ご一緒させていただきますので、よろしくお願いいたします」と、声が震えていたと思いますが、緊張しながらご挨拶をしました。

するると、その先輩が、私に「久しぶりのフライトで緊張しているわ。でも、私以上に飯塚さんのほうが緊張しているわよね。大丈夫、よろしく。**お客様のためにと思うことは積極的にしてさしあげましょう。任せます、責任は私がすべて取りますから**」と、にっこり笑って肩を叩いてくださったのです。

この言葉に、凍りついた私の体は一気にほぐれました。程よい緊張の中、笑顔でお客様に快適なフライトを提供できたことは言うまでもありません。

相手の心を察し、相手を思う気持ちを言葉で伝えることはとても大切です。常に相手のためにという意識がなければ、相手の心を癒す言葉を伝えることはできません。心を伝えるとはどういうことかをまた、発見してくださいましたか？　それは決して難しいことではなく、相手の笑顔が見たいという気持ちで伝えればいいのです。

「あなたの一番のファンになりなさい」

私の成績はあまり良くない、というか、どちらかというと優等生とは縁がないほうでした。両親にとっては初めての子供であることに加え、生きるか死ぬかの瀬戸際の中、未熟児として生まれました。ですから、本当に大事に育てられました。亡き母が「お姑さんは厳しい人で本当に苦労したけれど、順子には優しくてね。本当に大切に育てられたのよ」と、よく話してくれました。

三つ子の魂百までと言いますが、そんな環境で育ってきましたので、大人になってからも、人と競争するなんてとんでもない、と今では考えられないほどおっとりしておりました。

ところが、社会人になり、ANAに入社してCAになると、そうはいきません。周りを見れば、自分よりはるかに知的で、美しい人ばかり。入社したものの、「大丈夫かしら?」と、思うことばかりでした。

できない自分を痛感したのは、OJT（機上の訓練）の3日目。着陸前にコーヒーポットのスイッチをオフにするのを、何度も忘れてしまうのです。間もなく着陸という安心感からでしょうか、元々の性格なのでしょうか。最後の詰めがとにかく甘く、「やはり向いていなかったのだろうか」と思うばかりか、「もう辞めたい」と早くも思うＣＡ人生のスタートでした。

でも、お客様がサービス中に「訓練生なの？　頑張ってくださいね」、降機時には「あなたなら素敵なＣＡになりますね、また、お会いしましょう」と、私の心が読めるかのように温かい言葉をかけてくださるのです。

自分が「辞めたい」なんて思ったことが申し訳ないのと、情けないのとで、いつも私の顔は涙でくちゃくちゃになっていました。

先輩からも「こんなことで落ち込んでどうするの」とはっぱをかけられる日々。仲間に支えられながら努力を続け、山谷を幾たびも越えてきたのです。

ある日、上司との面談の中で「飯塚さんは自分が好きですか？」と、唐突に質問されました。

このようなとき、皆様なら何と答えますか？　私は、そのようなことを一度も考えたことがなかったので、少し戸惑いながらも、「考えたこともないですが、嫌いではないです」と、ボソッと答えました。

　すると、「飯塚さん、あなたは常に一生懸命で、後輩の指導もしっかり行ない、グループの雰囲気も明るくしてくださるなど、いい環境をつくってくださっています。私は本当に助けていただいていますよ、ありがとう」と、言ってくださったのです。何だか褒められすぎて、裏があるのではないかと思ってしまうほどでした。

　その後、さらに真剣な表情で、こう仰いました。

「私は、あなたが自分が思っている以上に自分が努力していることを、もっと素直に認め、自分を褒めてあげてほしいと思っているの。チーフパーサー、グループのまとめ役、プロジェクトメンバーと、大変な役割ばかりで押し潰されそうでしょう。あなたの心の声はわかっています。しかし、あなたは選ばれてここにいます。自信を持って乗り越えなさい。**もっと自分を大切に、あなたの一番のファンでいてあげてください。それが成功の鍵です**」

　とても重みのある言葉でした。

　自分のことは自分が一番わかっているものです。未熟な自分、嫌だなと思う自分、誇りに思える自分、素直でかわいいなと思える自分……すべてが自分です。

それを誰が褒めてくれますか？　心から褒められるのは自分自身ではないでしょうか？

自分を愛すると周囲に人が集まり、自然に愛される自分になります。だからあなたは、あなたの一番のファンでいてあげましょう。

「あなたの笑顔は最高の栄養剤」

私がホテルに出向した経験があることは何度かお話ししましたが、最初はホテル本部に出向し、そこからさらに東京全日空ホテルに出向しました。お客様にも仲間にも自分を知っていただかなければなりませんし、現場を知らなくてはホテルのサービスも学ぶことができません。現場の強みや課題も把握できませんから、いくつかの部署を担当させていただきました。

コンシェルジュ、プロトコール、そして人事部トレーニング担当などの他、全体の接遇サービスをモニタリングすることも任され、課題と感じたことを研修に活かすことができたことはとても有意義で、やりがいのある仕事でした。

毎日大忙しで、あちこちと動き回っている日々の中、あるご婦人からうれしいメッセージをいただきました。

お客様が「**飯塚さんの笑顔が見られないので寂しいの。あの方の笑顔は本当に私の心の栄養剤**。いつも凛としてお立ちになっていて、私を見つけると満面の笑顔でご挨拶に来てくださって、本当に元気になるのよ。近頃、いらっしゃらないでしょう。どちらかに異動なさった？」と仰っていたと、仲間が伝えてくれたのです。

「本日もお越しいただき、ありがとうございます」という気持ちを、当たり前のようにお伝えしていることが、相手を元気にさせているなんて、うれしいことです。前にもお伝えしましたが、心を伝えるのは、形ではないということです。相手を思う素直な心、笑顔や相手を気遣う言葉が必要なのです。それだけで相手を元気にさせることができるのです。だから、遠慮せずに思いっきり心を伝えてください。

私も、いつものお客様がお見えにならないと、本当に心配になります。

以前、こんなことがありました。しばらくお越しにならないお客様がいらしたので、ドアマンに「あのお客様、最近お見えにならないですが、何かあったのでしょうか?」と尋ねると、「日本庭園が見たいということで、ここ数カ月は違うホテルをご利用になられているようです。でも、時々はいらっしゃいますよ」。

この「時々」が、気になりました。お客様に一言かけることができなければ、私にとっては「時々」ではなく、「まったくお見えにならない」お客様になってしまうと感じたからです。

「次回いらっしゃいましたら、私に連絡をしていただけますか?」とドアマンに託し、お客様のご利用を待つことにしました。

数日後、以心伝心でしょうか、ドアマンから連絡が入りました。「今、○○様がいらっしゃいまして、美容室をご利用になるそうです」

私はすぐに席を離れ、美容室に向かいました。しかし、あくまでもお客様のプライベートな時間です。美容室の方にお客様の様子をお尋ねして、ご挨拶するチャンスがあるのかを判断します。

このときはリラックスなさっているご様子でしたので、美容室の方に、お帰りの際には連絡がほしい旨を伝えてお客様のお帰りを待つことにしました。

しばらくして連絡が入り、美容室に向かいました。お会計をすませている間、廊下で待ち、美容室を出られたところで、「こんにちは、○○様。近頃、お姿を拝見できず、心配しておりました。お元気そうで安心しました」とお声をかけました。

すると、お客様は「日本庭園が見たくなりましてね。今は○○ホテルを利用しているの」と、仰いました。すかさず私は、「○○ホテルは美しい庭園で心が癒されますよね、私も利用します。しかし、当ホテルも美しい笑顔の庭園で○○様の心を癒してさしあげられます。ぜひ、またのご利用をお待ち申し上げます」と、気持ちをお伝えしました。お客様は、「笑顔の庭園ですか、うれしいですね。楽しみにしております」と、お答えくださったのです。

その後、そのお客様は足を運んでくださり、「このホテルは笑顔だけではなく、何気ない一言を必ず伝えてくださるから、安心するの」と、うれしいお言葉をいただき、再度のご利用につなげることができました。お客様への気持ちが、相手の心を動かした経験でした。

6

心が通い合うということ
——元気を与えるつもりが与えられた、福島の笑顔

今から2年前、福島に研修に行きました。福島と言えば、今でも忘れることができないのが2011年の東日本大震災です。もう数年が経っていましたが、まだまだ復興は進んでいないと聞きますし、現地の皆様の心の痛みはどのくらい癒されているのだろう……さまざまな思いがよぎりました。

ある製造会社からのご依頼で、接遇マナーの研修でしたが、とても複雑な思いもありました。どのような思いで研修を依頼なさったのか、第一声を何て言ったらいいのだろうか、もっと笑顔を大切にと言うことがふさわしいのだろうか——。

営業担当者とも何度も話し合いながら、今回の研修のゴールは、「接遇から学ぶ相

手への思いやり」「常に前向きで、笑顔を忘れないことがお客様にも仲間にも必要」ということを私なりに伝えたいと決めました。

当日、上野駅から福島へ向かいましたが、福島に近づくにつれ、駅が真新しい。ということは、ここも被害を受けたということです。車窓からは仮設住宅も見え、心が痛くなりました。さまざまな思いが溢れ出て、いつしか涙が止まらなくなっていました。これから研修だというのに困った、と思いながら、駅に到着しました。

改札口を出ると、一人の女性が近寄ってきて、「飯塚先生でしょうか?」と、素晴らしい笑顔で迎えてくださいました。

それから会場までの車中、お話を伺うなかで、「さらに元気な会社にしたい」という社長の研修への思いがひしひしと伝わってきました。

震災の被害により身内を亡くされた方、いまだに仮設住宅に住まれている方など、さまざまな境遇の社員の方がおり、段々とコミュニケーションが少なくなっていったのだそうです。

その日を迎えるまで、私はマナーを教えるというより、皆様に元気になっていただこうと思っており、第一声は、ごく普通に明るくご挨拶することに決めていました。ところが、会場に到着して研修室に入ると、「おはようございます！」と、とても元気な声で迎えてくださいました。私の想像をはるかに超えた笑顔が、そこにはありました。皆が一同に振り向き、アイコンタクトと笑顔で挨拶してくれたのです。

研修の第一声は、決めていた挨拶ではなく、次のような言葉をお伝えしました。「私は間違えていたように感じます。研修をお引き受けしてからずっと、皆様に何とご挨拶すべきか悩んでおりました。今日、真新しい駅や仮設住宅を見るにつれ心が痛くなり、車窓から目が離せず、思わず涙してしまいました。でも、今、皆様の笑顔を拝見して、私が考えていた以上に皆様の心は頑張ろうという意識に変わっているように感じました。私も全力で皆様のお役に立てる研修を務めさせていただきます」

すると、一人の男性が、「笑顔は人の心を癒します。一人になって不安だったときに、仲間の笑顔を見てどんなにホッとしたことか。だから、どんなときでも笑顔を心がけようと思ったんです。先生、立ち止まってはいられません。この先をどうするかのほうが大事なのです」と、力強く仰いました。

周りからは自然に拍手が湧いているではないですか。なんだか、私が皆様にお伝えすることはないような気持ちになったと同時に、心の中で「ごめんなさい」と、つぶやきました。私はなんて小さいことにこだわっていたのだろうか、つらい思いをしているのではとマイナスなことばかり考えていたうえに、自分が元気にさせなくてはなどと偉そうなことを……と、とても恥ずかしい気持ちになりました。


今回の出会いで改めて感じたことは、人は一人ではないということです。日々、元気になった、仕事が成功した、あるいは残念なことがあったなど、さまざまな経験をしますが、すべては人との関わりからの結果です。

自分がどうだったかよりも、相手からどのような影響を与えられたかを考えてみることも大切です。助けてもらったから人を元気にしたい、ありがたいと思えたから人に優しくなれる、笑顔に助けられたから笑顔で迎えることの素晴らしさに気づく。相手から得た喜びを、自分がしてさしあげる気持ちこそ、おもてなしの原点ではないでしょうか。人は人を元気にさせる力を持っていると、心の底から確信した日でした。

おわりに

私が本書を執筆したいと思ったのは、母の影響が強くあります。

母は闘病しているときに、自分の死を覚悟していたのでしょう、自分の思いをたくさんの詩にしました。つらい、悔しいといった思いもあったかと思いますが、今、自分が支えられている人への「ありがとう」の言葉が溢れている詩集でした。

あるとき、母がふと、「私ね、昔、本を執筆したいと思っていたのよ」と少しはにかみながら一言つぶやきました。

そのとき、私は「へぇ、そうなの」と聞き流していましたが、その後、母が亡くなり、講師という仕事に巡り会い、多くの方と出会う中で、自分の経験を通じて心を通い合わせることの大切さを伝えたい、という思いが強くなりました。

また、母の詩集を読み返すうちに、母の思いがぐっと胸にささり、ついつい忘れがちになる感謝の心の大切さを改めて教えられたような気もして、今回の出版となりました。

執筆する中で、私が得た貴重な経験を一つひとつひもとき、出会った多くの方との会話や、そのときそのときの言葉が自分に大きな影響を与えており、自分らしさを築く軸となっていることを改めて感じました。

機内で、そしてホテルで多くのお客様と出会い、共に喜び、共に涙する感動を分かち合う機会にも恵まれました。さらに、多くの仲間から、自分の強みや弱さを気づかせていただき、人の心を感じられる人間になることの大切さを教えられた気がします。

本書にも書いたように、心を通い合わせるには、形も大事な要素ではありますが、それがすべてではありません。気取ったり、カッコつけたりせずに、自分の気持ちにスポットを当て、素直に言葉を伝えることをぜひ、実践してみてください。

私はこれからも自分らしさを大切に、研修や講演を通して多くの方に心を通い合わせるためのヒントを伝えていきたいと思っております。

人生を楽しむためにも出会いを大切にし、チャンスを逃さず、チャレンジすること。自分を輝かせるためにも自己を知り、自己を磨き、自己を好きになること。私の自分磨きの旅は、まだまだ続きます。

本書は、私にとって第1子の子供で、皆様をハラハラさせてしまっての出産でした。今回、執筆できましたのも、多くの方の支えがあったからこそだと思っております。相手を思う気持ちの大切さ、挑戦することの素晴らしさを教えてくださったANAの皆様、私を温かく迎えてくださり、サービスの深さを教えてくださった東京全日空ホテルの皆様、受講生をやる気・本気にさせることの喜びを教えてくださった講師の皆様、そして、現在、新たな仕事に出会い、生涯チャレンジさせてくださっている上司と仲間、皆様に心から感謝を申し上げます。

執筆に際し、出版コンサルタントの樺木宏様、同文舘出版の戸井田歩様にはうまく書けないときも一緒に考え、応援していただきました。何度か戸井田様の温かい言葉に救われました。心からお礼を申し上げます。

最後に、本書を読んでくださった皆様に心より感謝を申し上げます。ありがとうございました。

接遇マナー講師、講演家　飯塚順子

【著者略歴】

飯塚 順子（いいづか じゅんこ）

接遇マナー講師、講演家、元ANA客室乗務員

ANAに30年間勤務。うち10年間は、客室本部客室センター管理職として600人以上のCAを指導する。ANAのトップCAとして、北朝鮮拉致被害者を迎えに行く便に搭乗。出向した東京全日空ホテル（現ANAインターコンチネンタル東京）ではVIP担当コンシェルジュとして、皇族・政治家の応対を担当。同ホテルで人材教育・開発にも携わる。退職後、ANAグループの研修会社と契約、管理職としての経験と実績から、管理職向け研修を担当している。心を揺さぶるエピソードを通じて伝える接遇ビジネスマナーの指導には定評があり、全国のホテルスタッフをはじめ、大企業から中小企業まで、数多くのプロを指導している。

初対面でも、目上の人でも、

一瞬で心を通い合わせる方法

平成27年9月29日　初版発行

著　者　飯塚順子

発行者　中島治久

発行所　同文舘出版株式会社

東京都千代田区神田神保町1-41　〒101-0051

電話　営業03（3294）1801　編集03（3294）1802

振替　00100-8-42935

http://www.dobunkan.co.jp/

ISBN978-4-495-53241-3

印刷／製本：三美印刷

Printed in Japan 2015